JN448097

Philosophy of Sports

DREW A. HYLAND 원저

스포츠 철학

송형석 · 이학준 역

(주)북스힐

Philosophy of Sport
Copyright © 1990 by Paragon House, USA
Korean Translation Copyright © 2006 by Book's Hill Publishers Co., Inc.
Korean language edition is published by arrangement with Paragon House, USA.

이 책의 한국어판 저작권은 Paragon House, USA와 독점 계약한 (주)도서출판 북스힐에 있습니다.
저작권법에 의하여 한국 내에서 보호받는 저작물이므로 사진을 포함한 본문 내용에 대한 무단전재와 무단복제를 금합니다.

역자서문

이 책은 드류 하일랜드(Drew A. Hyland)의 『Philosophy of Sport』를 완역한 것이다. 번역의 대본으로는 1990년 뉴욕의 파라곤 하우스(Paragon House)에서 출간된 것을 사용하였다. 저자는 코넥티컷(Connecticut)주 하포드(Hartford)시의 트리니티 대학(Trinity College) 철학교수이다. 그는 1961년 프린스턴대학을 졸업하고 펜실베니아주립대학에서 석사와 박사 과정을 이수하였으며, 1965년 그리스의 철학자 플라톤을 주제로 한 논문 『Eros and Philosophy: A Study of Plato's Symposium』으로 박사학위를 취득하였다. 그는 학위취득 후 캐나다의 토론토대학에 잠시 재직하다가 1967년부터 현재까지 트리니티 대학에 몸담고 있다. 그의 주요 저서를 소개하면, 『The Origins of Philosophy: Its Rise in Myth and the Pre-Socratics』(1973), 『The Virtue of Philosophy: An Interpretation of Plato's Charmides』(1981), 『The Question of Play』(1984), 『Finitude and Transcendence in the Platonic Dialogues』(1995) 등이 있으며, M. W. McLaughlin, Ronald

Spencer 등과 함께 『Teaching Matters: Essays on liberal Education at the Millenium』(1998)을 공동 편집하기도 하였다.

이 책자는 현대인의 삶에 적지 않은 영향력을 행사하고 있는 사회적 현상으로서 스포츠와 운동경기에 대하여 철학전공자인 저자가 세밀하게 분석하고 성찰한 내용을 정리한 독창적인 저술서이다. 철학자들은 오랜 세월동안 스포츠와 운동경기에 그다지 큰 관심을 기울이지 않아왔다. 그 이유는 무엇보다도 스포츠가 철학적 성찰의 대상이 될 만큼 충분하게 '진지한 삶의 영역'이 되지 못하다는 생각이 지배적이었기 때문이다. 그러나 이러한 생각은 단지 철학자들의 근시안적 편견일 뿐이다. 저자도 이미 이 책의 서문에서 분명하게 밝히고 있듯이 스포츠와 운동경기는 철학적 탐구의 중요한 주제가 될 수 있다. 이러한 견해는 이미 몇몇 성공적인 철학자들에 의해서도 여러 차례 피력된 바 있다.

"실천과는 거리가 먼 듯 보이는 철학에서 철저하게 실천의 영역에 속하는 운동경기까지의 거리는 결코 멀지 않다." 1960년 로마올림픽 조종경기부문 금메달리스트이며, 독일철학회장을 역임한 바 있고, 오랜 세월동안 칼스루헤(Karlsruhe)공대 철학교수로 재직한 바 있던 한스 랭크(H. Lenk)의 말이다. 이 말에는 철학 일반의 방향성, 즉 철학은 곧 실천학이어야 하며, 그런 의미에서 스포츠라는 실천의 영역과도 밀접한 관련을 맺어야 하고, 결국 스포츠철학이 될 수 있다는 철학 일반의 방향성가 함축되어 있다. 이와 같은 철학 이해는 고전적인 철학 개념과도 일맥상통한다.

철학은 욕구를 전제하며, 문제로서 경험되는 이성의 관심에서 출발한다. 인간 이성은 사변적인 이유에서가 아니라 실천적인 이유에서 철학을 필요로 하며, 철학이 자신의 존재를 구성하는 근본 요인들을 바르게 규정해주고, 행위 지침을 제공해 주기를 기대한다. 이성은 실천적으로 뿐만 아니라 이론적으로도, 모순적이며 변증법적으로 경험되는 문제를 개념으로 바꾸어야 하기 때문에 개념의 바른 규정에 관심을 가진다. 정립으로서의 규정은 오직 개념의 형태로 이루어지기 때문에 인간의 개념적 자기해석으로서 철학은 인간학이며 윤리학이다. 철학의 자기해명은 "행위 하는 인간"과 연관되며, "행위 하는 인간"에서 행위의 당위 규정은 윤리학의 문제이고, 인간의 존재 규정은 인간학의 과제이기 때문이다.

특수한 대상에게 이성의 관심을 표현하는 철학의 개별분과들은 자신의 개별적 인식을 개념화된 전체의 이념 속에 질서지우도록 하는 한에서 철학의 일반 목표와 연관을 갖게 된다. 인간 이성은 스스로를 문제로서 경험하기 때문에 실천적 이유에서 개념에 관심을 가지며, 이 개념들로 이루어진 이성인식의 정립된 체계는 철학의 주요 관심사가 된다.

이상에서 약술한 고전적 철학 개념(특히 칸트적 철학 개념)은 이미 앞서 언급하였듯이 스포츠철학에도 그대로 적용될 수 있다. 즉 스포츠철학 역시 체계적으로 정립된 인식 총체에 관심을 가진다. 단지 스포츠철학은 특수 철학으로서, 보편 영역이 아닌 특수 영역에서, 즉 스포츠와 운동경기라는 특수한 행위영역에서 자신의 욕구를 취할 뿐이다. 스포츠철학은 인간이 스포츠에서 문제를 발견하고, 이 문제에 의문을 갖게 되는 곳에서 시작한다. 스포츠철학을 규정함에 있어서 중요한 점은 스포츠철학의 문제들은 특정한 인간실천에 뿌리를 두고 있으며, 그러한 실천영역의 방향 안내에 관심을 나타낸다는 것이다. 체계적인 스포츠철학의 이념 안에서 개념적으로 질서 지워진 전체는 바른 규정과 방향안내를 목적으로 하는 스포츠의 다양한 문제들에 대한 다양한 답변들의 통합이다. 이런 의미에서 스포츠철학은 실천에 관한 이론이자 동시에 실천을 위한 이론이라고 할 수 있다.

스포츠철학이 연구 소재를 얻는 곳은 스포츠와 운동경기라는 실천영역이다. 이 실천영역은 그 구조적 조건으로 말미암아 실천적 문제에 대한 강한 압력을 받기 때문에 풍부한 소재거리를 제공해준다. 이러한 실천영역에서 인간성을 보호하기 위하여 스포츠철학이 할 수 있는 능력은 매우 제한되어 있다. 그럼에도 불구하고 스포츠철학은 분명한 개념과 좋은 논변을 제공해줌으로서 "인간적인 스포츠"라는 이상의 실현에 제한적으로나마 기여할 수 있다.

하일랜드의 저작 『Philosophy of Sport』는 스포츠와 운동경기라는 실천영역에서 필연적으로 발생하는 모순과 문제를 명료한 개념으로 드러내 주고, 이에 대한 좋은 논변들을 제공해주고 있다.

1장 '스포츠와 사회'에서는 스포츠와 가치, 스포츠에서의 인종차별주의, 스포츠에서의 성차별주의, 영웅으로서의 운동선수 등의 주제를 심도 깊게 다루고 있다. 2장 '스포츠에서의 윤리적 논점(issue)'에서는 현대 스포츠에 만연하고 있는 승리지상주의, 그로부터 야기되고 있는 과열경쟁양상과 선수들의 소외문제, 그리고 경기력향상을 위한 약물사용, 즉 소위 "도핑"의 문제 등을 논의하고 있다. 3장 '스포츠와 자아인식'에서는 정신분석에서의 자아인식, 선과 자아인식, 소크라테스적 자아인식 등을 주요 주제로 다루고 있다. 4장 '스포츠에서의 정신과 신체'에서는 이원론, 유물론과 유심론, 현상학, 플라톤적 관점 등을 주요 논제로 다루고 있다. 5장 '스포츠, 예술, 그리고 미학'에서는 예술로서의 스포츠, 예술과 놀이의 위상, 스포츠와 예술의 관계 등을 심도 깊게 논의하고 있다. 6장 '스포츠의 자세'에서는 수용개방성으로서 놀이의 자세, 유한성, 가능성, 자유, 위험감수와 신뢰, 가치, 흥미, 놀이 그리고 인간존재를 주요 논제로 다루고 있다.

하일랜드가 제공한 이상의 논의를 통해 스포츠와 운동경기라는 인간실천의 특수영역을 더 잘 이해할 수 있고, 여기서 필연적으로 발생하게 되는 모순과 문제, 나아가 인간성을 위협하는 요소를 간파할 수 있다면 이로서 이 번역서의 역할은 다한 것이라고 할 수 있겠다. 이 저서의 전반부인 1, 2, 3장은 송형석이, 후반부인 4, 5, 6장은 이학준이 번역을 맡았다. 이 번역서의 출간에 도움을 준 계명대학교와 북스힐 출판사에 감사한다.

2006년 2월

역자 송형석 · 이학준

저자서문

문화에서 중요한 역할을 담당하고 있는 사회현상을 성찰하거나 분석하는 일은 오래 전부터 학문의 중심적 과제로 여겨져 왔다. 그래서 철학을 포함한 다양한 학문들은 이미 오래 전부터 정치, 종교, 음악, 예술 등과 같은 사회적 현상을 다양한 각도에서 성찰하고 분석해왔으며, 그에 대한 다양하고도 많은 생각들을 남겨놓았다. 그러나 우리 문화에 가장 큰 영향력을 행사하고 있지만 여전히 평균적인 지식인들로부터 외면당하고 있는 사회적 현상이 존재하고 있다. 바로 스포츠와 운동경기가 그것이다. 스포츠는 오늘날 분명 대중적인 현상이 되었다고 할 수 있다. 그러나 우리 사회는 여전히 '스포츠는 단순히 지적 탐구의 합법적 주제가 되기에 충분할 만큼 "진지하지" 않다'라는 오래된 편견에 사로잡혀 있는 듯하다.

나는 이 책이 적어도 내가 어떤 이유에서도 정당화될 수 없는 것으로 여기고 있는 이와 같은 학문적 편견을 공격하고 극복하는 과정의 작은 발걸음이 되기를 희망한다. 스포츠와 관련된 중요하고도 진지하며, 생각을 자극하는 논제들이 많이 있는 데, 이 책에서는 적어도 사려 깊게 생각할 가치가 있는 중요한 논제들에 초점을 맞추어 논의를 전개할 생각이다.

나는 이 책을 두 종류의 독자들을 위해서 썼다. 일반적인 독자층과 전문적인 독자층이 그들이다. 일반적인 독자층이란 그들의 일상적인 생활에서 스포츠가 매우 중요한 역할을 하고 있거나 스포츠와 스포츠가 사회에서 수행하고 있는 역할에 깊은 관심을 가지고 있는 사람들을 의미하는 데, 이들이 이 책을 통해 스포츠에 대하여 조금 더 깊게 사유할 수 있게 되기를 희망한다. 다음으로 스포츠를 또는 '인간에 대한 스포츠의 의미'를 특정한 학문분야에서 학술적으로 탐구하는 학생들과 전문 학자들이 이 책을 읽고 도움이 된다면 좋겠다. 기쁘게도 전국의 여러 대학에서 개설되고 있는 스포츠철학 강좌의 수가 점차 늘고 있는 데, 이 책이 이 강좌를 담당하고 있는 학자들과 여기에 참여하고 있는 학생들에게 유용한 철학문헌으로 기여할 수 있으면 좋겠다.

나는 이 책의 아이디어와 논증을 구성하는 데 있어서 여러 사람의 도움을 받았다. 그들 가운데 첫째로 그리고 가장 먼저 꼽을 수 있는 사람들은 지난 수십 년 동안 나의 스포츠철학 강의에 참여했던 많은 학생들이다. 그들의 도전적인 질문과 유용한 조언은 내가 이 책에서 제시한 입장들을 확고히 하는 데 결정적인 역할을 담당하였다. 파라곤 하우스출판사의 편집자들 그리고 시리즈 편집자인 존 로스(John Roth)와 프리드 존탁(Fred Sontag)이 금쪽같은 제안과 비평을 여러 차례 해주었다. 또한 조이 데센시(Joy DeSensi)와 존 두디(John Doody)도 원고를 읽고 많은 조언을 아끼지 않았다. 이들 모두에게 감사의 마음을 전한다. 그들의 많은 조언은 나에게 많은 도움이 되었으며,

그 점에 대하여 그들에게 진심으로 감사한다. 나의 동료이자 친구인 밀러 브라운(Miller Brown) 역시 원고의 일부를 읽고 중요한 조언을 아끼지 않았다. 마지막으로 나의 아내 앤(Anne), 나의 아들 크리스토퍼(Christopher)와 크레이그(Craig) - 그들은 내가 그들에게 많은 부담을 주었음에도 불구하고 여전히 나를 그들의 팀에 끼워주었다-는 수년 동안 이 책에 제시된 아이디어를 들어주었으며, 그들의 반응과 비평은 이 책의 매 페이지마다 담겨져 있다. 그들에게 나는 가장 감사한다.

차 례

서 론

최근 들어 스포츠철학이라는 제목 하에 느슨하게 결합된 논제들에 학문적 관심을 기울이고 있는 철학자들과 철학전공학생들이 점차 늘어나고 있다. 이에 따라 이 분야의 서적과 논문의 출간이 활기를 띄고 있으며, 이 주제를 가르치고 있는 강의도 생겨나고 있다. 심지어는 이와 관련된 주제를 전문적으로 연구하는 국제스포츠철학회(PSSS) 같은 학제 간 조직이 생겨나 이 분야내의 주제들을 본격적으로 연구하기 위해 정기적인 모임을 갖고 있다. 이 모든 것은 완벽하게 그럴듯해 보인다. 스포츠는 거의 항상 다른 문화권뿐만 아니라 우리 문화 안에서도 중요한 역할을 담당해왔다. 또한 철학자들이 자주 수행하는 것들 가운데 한 가지는 주어진 문화에 중심적인 이러한 활동들과 현상들에 관심을 기울이는 일이었다. 이러한 측면에서 볼 때 스포츠철학은 오랫동안 철학과에 개설되어 왔던 과학철학이나 종교철학, 또는 예술철학 등과 같은 분야와 크게 다르지 않은 것처럼 보일수도 있겠다.

우리는 예술이나 과학, 또는 종교의 철학에 관한 책자에서 대부분의 저자들은 과거의 위대한 철학자들이 이 주제에 대해 취했던 주요한 입장을 고찰하는 것에서부터 논의를 시작한다는 것을 잘 알고 있다. 이러한 주제들 속에서 플라톤, 심지어는 소크라테스 이전의 철학자들까지 거슬러 올라가 이 논제들에 대한 그들의 답변을 탐구하는 데에 거의 어려움을 느끼지 못한다. 여기서 우리는 스포츠철학의 첫 번째 예외적인 점을 마주하게 된다. 오래된 스포츠철학관련 저서 또는 연구물은 정말로 드물다. 20세기 이전까지 중요한 철학자들이 남긴 놀이와 스포츠 관련 철학 저술은 거의 찾아보기 어렵다. 기껏해야 우리는 플라톤, 아리스토텔레스, 니체 등과 같은 철학자들이 포괄적인 문제를 다루면서 그에 대한 구체적인 예로 또는 큰 논제의 은유로 스포츠나 놀이를 언급하고 있는 예외적인 구절들을 발견할 수 있을 뿐이다.

우리가 몸담고 있는 문화는 스포츠가 중요한 역할을 담당하고 있는 최초의 문화라는 점을 감안한다면 이러한 점이 충분하게 이해될 수 있다. 이것이 사실이라면 스포츠연구가 과거의 사상가들에 의해 명시적으로 다루어지지 않았다는 점은 결코 놀라운 일이 아니다. 그러나 요한 호이징가(Johan Hizinga)와 같은 역사학자가 매우 설득력 있고 상세하게 지적한 바와 같이, 스포츠 또는 놀이는 우리 문화에서뿐만 아니라 우리가 알고 있는 모든 문화에서 실제적으로 거의 항상 중심적인 역할을 담당해왔다. 실제로『놀이하는 인간(Homo Ludens)』이라는 제목이 붙은 호이징가의 위대한 저서가 제기하고 있는 주요 가설은 "문명은 놀이 안에서 그리고 놀이로써 발생하고, 전개된다"[1)]

1) Huizinga, Johan, Homo Ludens : A study of the paly Element in Culture.

라는 말로 표현될 수 있다. 결국 스포츠가 철학자의 관심을 끄는 문화적 역할을 결코 담당하지 않았다고 말할 수는 없는 것이다. 그것은 마치 종교, 예술 또는 과학과 같은 그런 주제들은 분명히 철학자들의 관심을 받을만한 가치가 있지만 '단지' 스포츠만은 (철학적)주제로 다루어질 만큼의 가치를 충분하게 지니지 못한다는, 철학의 역사에 널리 퍼져있던 집단적인 편견과도 같다. 이러한 편견은 20세기에, 특히 최근에 최소한 부분적으로나마 극복된 것처럼 보인다.

그러나 이미 지적한 바처럼 가장 위대했던 과거의 철학자들은 비록 지속적이지는 않았지만 스포츠와 놀이의 철학적 측면에 대해 깊은 관심을 지니고 있었다. 플라톤 대화(예를 들면 「리시스 Lysis」편과 「카르미데스 Charmides」편)의 다수는 고대 그리스인들의 체력훈련장일 뿐만 아니라 지육과 덕육의 장이기도 했던 김나지움(gymnasium)에서 이루어졌다. 만약 우리가 디오게네스 라에르티우스(Diogenes Laertius)를 신뢰할 수 있다면, 소크라테스는 "신체단련에 지대한 관심을 기울였으며, 항상 최적의 컨디션을 유지하고 있었고", 플라톤은 이스트미아경기(올림피아, 피티아, 네미아와 함께 고대 그리스의 4대 제전경기 중에 하나임 : 역자주)에 레슬링선수로 참가한 경력이 있다.[2] 소크라테스는 『공화국』에서 훌륭한 교육과 체육훈련의 불가분성을 강조하였으며[3], 아테네의 이방인들은『법률』에서 놀이를 최고의 인간행위로 찬양하였다.[4] 결국 플라톤은 전체 대화에서 명시적으로

Boston, Beacon Press, 1950; Foreword.

2) Diogenes Laertius, The Lives and Opinions of Eminent Philosophers, Translated by C. D. Yonge. London, Henry G, Bohn, 1983, p.65, 114.

3) Plato, Republic, 411e, ff.

4) Plato, Laws, 803c, ff.

이 주제를 언급하지는 않았지만 인간의 삶에서 스포츠가 중요하다는 인식을 일깨워주었다. 이와 비슷하게 아리스토텔레스도 가끔 그가 주장하고자하는 바의 예로서 운동선수를 들고 있다.

그리스시대 이후 니체가 등장한 19세기까지 철학자들은 스포츠와 놀이에 대해 거의 언급하지 않았다. 니체는 놀이를 권력에의 의지로서 인간의 무목적적이고, 비합리적인 해프닝과 그가 권고하고자 하는 인간적인 삶의 중요한 은유로서 사용하기 시작했다. 그러나 니체가 마음 속에 담고 있던 놀이의 의미는 규칙에 지배되고, 목표지향적인 운동선수의 놀이보다는 차라리 무목적적이고, 즉흥적인 아이들의 놀이에 가깝다. 니체는 유명한 헤라크리투스의 쉰 두 번째 구절(시간(또는 인생 : aion)은 어린이 놀이, 일순간의 놀이다. 왕권은 어린이에게 속해 있다)을 인용하면서 다음과 같이 말했다.

> 생성과 소멸, 건축과 파괴는 아무런 도덕적 책임도 없이 영원히 동일한 무구의 상태에 있으며, 이 세계에는 오직 예술가와 어린아이가 몰입하고 있는 유희만이 있을 뿐이다. 어린아이와 예술가가 놀이를 하듯 영원히 생동하는 불은 순진하게 놀이를 하면서 세웠다가 부순다.5)

니체 이후 마르틴 하이데거(Martin Heidegger), 한스 게오르그 가다머(Hans-Georg Gadamer), 미셸 푸코(Michel Foucault), 자크 데리다(Jacques Derrida) 등을 포함한 다수의 유럽 철학자들은 비슷한 방식으로 어린이 놀이의 은유를 채택하였다.6)

---

5) Nietzsche, Friedrich, Philosophy in the Tragic Age of the Greeks, Translated by Marianne Cowan. Chicago, Gateway Editions, 1962, p.62.

6) 나의 책 'The Question of paly' Lanham, Md., University Press of America, 1984. 제5장을 보면 이러한 발달에 대한 상세한 논의가 나타나 있다.

20세기에 하이데거, 푸코, 그리고 데리다와 같은 사상가들에 의해 채택된 어린이 놀이 비유에 추가해서, 우리는 다른 철학자들이 그들의 사유에서 중요한 문제들을 위한 비유로서 스포츠와 게임을 이용하는 것을 발견할 수 있다. 프랑스철학자 장 폴 사르트르(Jean-Paul Sartre)는 '존재(being)', '행위(doing)', 그리고 '소유(having)'[7] 간의 중요한 구분을 명확하게 하고, 분석적 전통에서 철학하기 위하여 스키 경험의 기술을 이용하고 있다. 루드비히 폰 비트겐슈타인(Ludwig von Wittgenstein)도 그의 언어이해를 위한 중요한 모형으로서 언어 게임의 비유를 채택하였다.[8]

사상가들이 연구 주제로서 스포츠와 놀이에 직접적인 관심을 기울이기 시작한 때도 20세기이다. 앞서 언급했던 호이징가의 『호모 루덴스』는 아마도 진지한 지적 탐구로서 스포츠연구를 합법화했던 유일한 책일 것이다. 게다가 오이겐 헤리겔(Eugen Herrigel)의 『궁술에서의 선(Zen in the Art of Archery)』[9]과 같은 최소한 철학에 가까운 학문분야의 다른 작품들과 스포츠사회학 및 심리학 저술들, 그리고 체육학과에 적을 두고 있는 학자들이 저술한 스포츠철학관련 문헌들은 점차적으로 진지한 주제로서 스포츠의 연구에 합법성을 부여해주고 있다. 마침내 1969년 미국의 저명한 철학자 폴 바이스(Paul Weiss)는 『스포츠의 철학적 탐구(Sport : A Philosophic Inquiry)』[10]라는 제

7) Sartre, Jean-Paul, Being and Nothingness : an Essay on phenomenological Ontology. translated by Hazel Barnes. New York. Philosophical Library, 1956, p.580 ff.

8) Wittgenstein, Ludwig, Philosophical Investigation, Translated by G. E. M. Anscombe. New York, Macmillan Company, 1953. part I.

9) Herrigel, Eugen, Zen in the Art of Archery. New York, Vintage Book, 1971.

목의 스포츠에 관한 충분한 분양의 책을 출간했다. 이 책은 폭넓게 칭송되고 비판되었지만 잘 알려진 철학자가 명시적으로 스포츠를 주제로 작성한 최초의 저서라는 점에는 이견의 여지가 없다. 게다가 이 책자는 스포츠철학을 철학적 주제들의 전당에 정착시키는 계기로 작용하였다. 이 책자가 출판되고 얼마 지나지 않은 1972년 폴 바이스를 초대 회장으로 한 스포츠철학회가 설립되었다.

공식적인 철학분과로서 스포츠철학은 분명 가장 최근에 나타난 철학의 '동향' 가운데 하나이다. 그것의 후원 하에서 다루어지고 있는 주요 논제들은 무엇일까? 나는 이 책자의 전반적인 내용을 소개함으로서 이 질문에 답하고자 한다. 이 책의 목적은 스포츠철학에서 논란이 되고 있는 주요 논제들과 논쟁들을 상세하게 소개하는 것이다.

1장에서는 특히 미국사회에 중점을 두고, 스포츠가 사회에서 담당하고 있는 역할과 관련된 논제들을 다룰 것이다. 미국에서 발행되고 있는 대부분의 일간지가 단일한 주제로 다루고 있는 두개의 큰 분야는 사업과 스포츠이다. 이러한 사실은 미국사회에서 스포츠가 갖는 중요성을 분명하게 입증해주고 있다. 많은 사람들이 스포츠기사가 실린 지면을 가장 먼저 펼친다는 점 역시 스포츠의 중요성을 입증해주고 있는 좋은 예라고 할 수 있다. 스포츠는 분명히 우리 사회에서 중요한 문화적 역할을 담당하고 있다. 그렇다면 그 안에 내포된 철학적 문제들이란 어떤 것일까?

가장 중요한 한 가지는 스포츠가 가치를 가르치는지 아닌지, 또는 가르친다면 어느 정도나 가르치는지라는 물음과 관련이 있다. 사람들

10) Weiss, Paul, Sport : A Philosophic Inquiry, Carbondale, III., Southern Illinois University Press, 1969.

은 때때로 이러한 주제를 다루고 있는 심포지엄이나 잡지의 논문을 읽는다. 그러나 "스포츠는 가치들을 가르치는가?"라는 물음은 잘못된 것이다. 사실상 모든 사람들이 스포츠가 가치를 가르친다는 점에 동의할 것이다. 문제는 과연 이와 같은 가치가 가르칠 가치가 있는 것인가 아닌가하는 점이다. 우리는 스포츠옹호자들이 주장하는 스포츠의 덕에 관한 장황한 이야기, 즉 젊은이들은 운동경기 참여를 통해서 팀워크, 규율, 공정한 경기의 정신, 강하고 건강한 몸과 같은 덕목을 얻게 될 것이라는 주장에 친숙해 있다.

다른 한편으로 혹독한 스포츠비판가들은 스포츠가 가치를 가르치긴 하지만 그것들은 모두 잘못된 가치들이라고 사람들을 설득한다. 말하자면 스포츠는 우리 젊은이들에게 권위에 대한 무조건적인 복종, 승리지상주의적인 태도, 다른 팀 선수들을 해치거나, 위협하거나, 속여도 되는 적으로 간주하는 경쟁심, 더욱이 승리를 위해서라면 자신의 건강까지도 내팽개치려는 의지와 같은 부정적인 '덕목들'을 심어준다는 것이다. 최소한 이 두 가지 주장들에 대한 몇 가지 증거들이 있다. 우리는 운동경기참여와 긍정적이거나 부정적인 가치들의 고취가 어떤 관계에 있는지 깊이 있게 고려해 보아야 할 것이다.

그 관계가 정확하게 무엇이든지간에, 사회의 가치들(다시금 긍정적인 것과 부정적인 것 모두)은 최소한 스포츠공동체에도 반영되어 있다는 점은 명백하다. 중요한 예를 들어보도록 하자. 스포츠에서 인종차별과 성차별의 역사는 전체로서 우리 사회에서와 마찬가지로 비참하다. 매우 제한적인 특성으로 인하여 스포츠는 우리에게 이 문제에 대한 집약된 시각을 제공해줄 수 있다. 즉 그것들이 어떻게 지속되어 왔고, 어떻게 극복되어야만 하는지에 대한 시각을 제공해 줄 수 있다. 여기에 덧붙여서 우리는 대부분의 스포츠에 내재된 신체적 특성으로 인하여 성차별주의 문제의 특정한 논제들이 특히 명료화될 수 있다는 점을 밝혀내야만 한다.

다른 한편으로 스포츠공동체는 우리에게 문화적 영웅들을 과다하게 제공해주고 있는 것처럼 보인다. 재키 커시요너(Jackie Kersee-Joyner), 마이클 조단(Michael Jordan), 로렌스 테일러(Lawrence Taylor), 또는 웨디 보고(Wade Boggs)와 같은 탁월한 선수들이 점차적으로 젊은이들의 우상, 즉 모방대상이 되어가고 있다. 예컨대 안타깝게도 요즘 젊은이들은 워싱턴과 링컨 같은 인물을 더 이상 우상화하고 있지 않은 것 같은 데 이러한 경향을 한탄해야만 할까? 아니면 최소한 우리는 더 이상 다른 사람들을 살해하는 데 전문적인 소질을 지닌 사람, 즉 '전쟁 영웅'을 영웅시하지 않는다는 것에 만족하고, 이것을 고급문화의 징표로 생각해야만 하는 것일까? 어째든 탁월한 참가자들에게 영웅의 지위를 부여하는 운동경기란 도대체 무엇이며, 이렇게 하는 우리는 누구일까?

2장 '스포츠에서의 윤리적 논제들'에서는 다수의 윤리적 논제들에 초점을 맞추었다. 이 논제들 중 어느 것도 스포츠만의 독자적인 것은 아니지만 스포츠상황은 우리에게 각 경우에 대한 명확한 예를 제공해 준다. 아마도 현재 이러한 논제들 가운데 가장 잘 알려진 것은 스포츠에서 점차 늘어나고 있는, 혹은 유행하고 있는 약물 사용(특히 아나볼릭 스테로이드 같은 수행향상약물의 사용)일 것이다. 우리는 그러한 약물의 사용을 금지해야만 할까? 그렇지 않으면 자유주의자들의 경향에 따라 '정보에 근거한 동의(informed consent)'가 있는 한 그것들의 사용을 허용해야만 할까? 일반적으로 금지를 옹호하는 다수의 사람들은 운동선수의 건강에 해가될 것이라는 가정을 근거로,

또는 스테로이드 사용으로 인해 근력이 강화된 선수들이 그렇지 않은 선수들과 경쟁했을 때 야기될 수 있는 공정성의 문제를 근거로 금지 논리를 전개하고 있다.

건강에 의한 논변과 관련하여 통제되어진 스테로이드 사용으로부터 야기될 수 있는 위험의 정도가 많은 사람들이 추측하고 있는 바와는 달리 논쟁의 여지가 많다는 점을 규명해야만 한다. 어째든 우리사회에는 시민들의 건강보호라는 명목 하에 각종 금지를 정당화하고 있는 온정주의적 논변에 대하여 상반되는 의견들이 동시에 공존하고 있다. 담배가 건강에 위험하다는 명백한 지식에도 불구하고 여전히 번성하고 있는 담배산업을 보라. 공정성에 대한 물음에 대해서도 마찬가지로 우리는 공정성을 구성하는 것이 무엇인지를 결정하는 데도 복잡하고 미묘한 철학적 문제들이 연관된다는 점을 규명해야만 한다.

윤리적 관심의 두 번째 영역은 특히 프로나 대학 간 운동경기처럼 고도로 조직화되어졌고, 종종 금전적인 보상이 주어지는 스포츠경기의 틀 내에서 점차 확산되고 있는 '승리가 전부는 아니지만 그것은 유일한 것'이라는 태도에 초점이 맞추어진다. 한편으로 우리 모두는 승리의 바람직함과 중요성을 강조하도록 마련되어진 운동경기 영역으로부터 나타난 다음과 같은 선전문구들, 즉 "훌륭한 패배를 보여줘라. 나는 너를 패배자로 만들겠다" 또는 "멋진 녀석들은 끝까지 간다" 또는 위에서 인용한 유명한 선전 문구이자 과거의 미식축구코치 빈스 롬바르디(Vince Lombardi)가 한 말로 오인되고 있는 "승리는 유일한 것"과 같은 말을 상기할 수 있다. 이러한 격언들로부터 야기될 수 있는 실제적인 결과는 거의 누구나가 비참한 것으로 생각하는 그런 상황을 유발시킬 수도 있다. 속임수는 경기에서 뿐만 아니라 경기에서의 승리를 준비하는 과정에서도 종종 자행되고 있는 보편적인 현상이 되었다. 현재 대학 간 경기의 윤리적 상태는 위기상황에 직면에 있다. 모든 종류의 반칙들이 지속적으로 신문의 머리기사를 장식하고 있다. 이러한 문제들이 승리를 과도하게 강조하고 있는 현금의 경향과 직접적으로 관련이 있다면, 이러한 승리에 대한 지나친 강조를 어떻게 통제할 수 있을까? 승리에 대한 '건전한' 강조를 정착시킬 수 있는 방법은 없을까? 실제로 그런 것이 있을까? 경쟁적인 운동경기 자체를 제거하지 않고도 이러한 문제들을 해소할 수 있을까? 우리는 일벌백계라는 극단의 방책을 강구해야만 하는 것인가?

이와 같은 고려들은 우리를 경쟁 그 자체의 문제로 이끌어간다. 칼 마르크스(Karl Marx)는 이미 오래 전에 경제의 영역에서 경쟁은 자본주의 하에서 소외를 야기 시키는 뿌리 가운데 하나이기 때문에 소외 없는 사회를 이룩하기 위해서는 경쟁을 제거해야만 한다고 주장하였다. 스포츠에 관심을 기울였던 마르크스주의자들 역시 경제영역과 마찬가지로 스포츠에서도 똑같은 해결책을 제시하였다. 운동경기적 경쟁의 해악은 오직 경쟁적인 운동경기 자체의 폐지를 통해서만 제거될 수 있다는 것이다.[11] 오늘날 경쟁적인 운동경기에 소외의 문제가 있다는 점을 어느 누구도 부인하지는 못할 것이다. 협박, 속임수, 검은돈의 사용, 난투극으로 인한 규칙파괴 등은 이러한 문제의 가장 분명한 예일 뿐이다. 우리는 소외와 운동경쟁 사이의 관계를 탐구해야 할 것이다. 그 관계는 마르크스주의자들이 추측하고 있듯이("경쟁이 소외를 야기 시킨다") 인과적인 것일까? 만일 그렇다면 우리는 그들이 제안한 해결책을 따라야만 하는 것인가? 그렇지 않으면 마르크스

11) 예를 들면 다음 책자를 보라. Brohm, Jean-Marie, Sport : A Prison of Measured Time, Translated by Ian Fraser. London, Ink Links Press, 1978.

주의자들의 주장과는 반대로 운동경기의 경쟁 그 자체가 소외의 원인이 아니며, 그 관계는 더욱 복잡한 것인가? 만약 그렇다면 그 관계는 무엇이며, 이에 대해 우리는 어떻게 반응해야만 할까? 다시금 우리는 경쟁적인 운동경기들이 우리에게 경쟁 그 자체의 폭넓은 문제들을 이해하기 위한 집약된 사례 연구를 제공한다는 사실을 발견하게 되었다.

3장 스포츠와 자아인식은 '스포츠심리학'이라는 느슨한 제목 하의 여러 가지 논제들에 관심을 돌린다. 스포츠옹호자들에 의해, 특히 스포츠는 중요한 교육적 가치를 지닌다고 주장하는 사람들에 의해 만들어진 주장들 가운데 하나는 우리가 스포츠참여를 통해 우리 자신에 대해 배우게 되며, '너 자신을 알라'는 오래된 철학적 요구를 이행하게 된다는 것이다. 우리는 이 주장을 깊이 있게 검토해야 할 것이다. 우리가 운동경기의 경쟁에서 우리 '자신'에 관해 배우는 것 또는 배울 수 있는 것은 도대체 무엇이며, 우리가 그것에 관해 배우게 될 '자아'의 본질은 무엇일까? 이러한 물음들은 여러 가지 상이한 시각에서 접근되어져 왔으며, 우리는 그 가운데 몇 가지를 검토해야 할 것이다. 첫째로 정신분석적 관점이 검토될 것이다. 아놀드 바이저(Arnold Beisser) 같은 정신분석학자들은 문제가 있는 운동선수를 다루어 왔으며, 그들의 질병과 그들의 독특한 스포츠 취향(선택), 그리고 그들이 선택한 스포츠에 관여하는 방식간의 연관성을 탐구하였다.[12] 바이저가 채택했던 분석의 범주들이라고 불러야만 하는 것을 검토함으로서, 우리는 이러한 분석적 범주들이 우리의 개인적 스포츠

12) Beisser, Arnold, The Madness in sport. Bowie, Md., Charles Press Publishers, 1977.

취향(선택)의 의미에 관해 도움이 될 만한 정보를 어느 정도나 제공해 줄 수 있는 지 고려해 보아야만 할 것이다.

스포츠에서 자아인식에 대한 두 번째 주장은 앞의 것과는 매우 달리 스포츠에서 풍부한 응용영역(지적 의미에서 뿐만 아니라 재정적 의미에서도)을 발견한 선불교의 여러 지지자들에 의해 제기되어졌다. '선________'(당신이 좋아하는 스포츠로 빈칸을 채우시오)과 같은 제목으로 시작하는 책자들이 많지만 그 중에서 가장 뛰어난 것은 다른 것들의 산파 역할을 담당했던 오이겐 헤리겔의 『궁술에서의 선』[13] 이다. 이 책에서 개발된 원리들을 검토함으로서 우리는 '선의 방법'이 어느 정도나 스포츠를 통한 자아인식의 통로가 될 수 있는지 알 수 있게 될 것이다. 마지막으로 우리는 가장 오래된 자아인식의 의미 가운데 하나인 소크라테스적 자아인식, 즉 '내가 아는 것과 내가 모르는 것을 아는 것'에 대하여 생각해 볼 것이다. 그 후에 이러한 자아인식의 의미가 스포츠 경험에서 얼마나 중요한 것인지 알아볼 것이다.

4장 '스포츠에서 정신과 신체'에서는 자아인식의 물음과 관련된 논제인 정신과 신체간의 연관성과 스포츠상황이 이러한 논제에 어떻게 빛을 던져줄 수 있는지 검토해 볼 것이다. 물론 정신과 신체의 관계에 대한 물음은 철학에서 매우 오래된 물음 가운데 하나이다. 우리는 기독교적 영혼불멸설을 거쳐, 『첫 번째 철학에 관한 성찰(Meditation on First Philosophy』에서 데카르트(Descartes)가 주장한 이원론으로까지 발전한 피타고라스학파(Pythagorean)의 환생 성명에 함축된 솔직한 이원론을 추적할 수 있다. 오랜 세월동안 지배적인 위

13) Herrigel, Eugen, op. cit.

치를 차지해왔던 이 이원론자들의 가설에 정면으로 반기를 든 사람들은 유물론자들 또는 물질주의자들이다. 그들은 정신과 신체가 결코 이원적이지 않다고 주장한다. 그들에 따르면 정신은 실제로는 신체의 부분일 뿐이다. 신체가 모든 것이다. 현상학자들 또한 이와 다른 관점에서, 즉 유물론적 토대가 아니라 경험적 고찰 위에서, 정신과 신체의 분리의 효력을 부인해왔다. 그들의 주장에 따르면 우리는 단순히 그러한 구별을 실제로 경험하지 못하며, 그러한 구분은 인간의 자아경험의 진정한 이해를 방해하는 지적 추상이라고 할 수 있다. 정신과 신체가 너무나 활동적으로 함께 참여하는 스포츠 활동은 우리에게 아주 오래 된 철학적 문제를 심도 있게 검토할 수 있는 토대를 제공해 주고 있다.

스포츠에 관한 논의를 듣다보면 미학관련 어휘들이 심심치 않게 등장하고 있음을 쉽게 깨달을 수 있다. 예컨대 우리는 위대한 달리기 선수의 아름다운 질주나 골대 쪽으로 도약하는 농구선수의 우아함 등과 같은 말을 들을 수 있다. 실제로 다이빙, 체조 혹은 승마 같은 몇몇 스포츠에서 경기의 승자를 결정하는 데 미적기준을 적극적으로 사용하고 있다.

5장 '스포츠, 예술, 그리고 미학'에서는 스포츠와 예술 간의 관계의 본질을 고찰할 것이다. 여기에서 만들어진 가장 강력한 주장은 스포츠, 특히 최고 기량의 스포츠는 예술의 한 형식이며, 우아하고, 재능 있으며, 창조적인 운동선수는 진정한 예술가라는 것이다. 우리는 이러한 주장에 대한 찬반논변을 검토해야만 할 것이다. 조금 더 사려깊은 사람들은 비록 예술과 스포츠 간에는 어떤 근본적인 차이가 존재하지만 많은 스포츠종목들의 깊은 심미적 특성은 양자 간의 유사성을 증명해주고 있다고 말한다. 그렇다면 그와 같은 유사성의 본질은 무엇일까? 특히 만약 스포츠종목들이 직접적인 예술의 형식은 아니지만 그럼에도 불구하고 깊은 미적 구성요소를 공유하고 있다면 그들이 공유하고 있는 그러한 구성요소의 본질은 무엇이며, 결국 스포츠와 예술을 구별해주는 중요한 차이는 무엇일까? 희망적이게도 이러한 일련의 물음들의 검토는 스포츠의 본질과 예술의 본질 양자 모두에게 광명을 비추어 줄 것이다.

마지막으로 6장 '스포츠의 자세'에서 우리는 우리가 스포츠를 할 때 '진행되고 있는 것(what's going on)'의 의미를 얻기 위해 시도할 것이다. 우리가 놀이할 때 우리의 자세와 지향은 무엇이며, 그러한 자세는 우리의 일반적인 일상적 자세와 어떻게 다를까? 짧게 말해서 내가 주장하고 싶은 바는 놀이할 때 우리는 보통 때 보다 더욱 개방적이 되도록, 그리고 우리에게 주어진 가능성들과 이러한 가능성들이 상징하는 것을 더 잘 의식하도록 요청당하고 우리 자신에게 요구한다는 것이다. 동시에 우리는 그것들이 생겨나는 것처럼 이러한 가능성에 대해 더욱 반응적이 되도록, 경기의 결과를 결정하는 데 도움이 되는 것과 같은 강력하고 효율적인 방식으로 더 잘 반응할 수 있게 되도록 요청 당한다. 수용개방성은 내가 '놀이의 자세'라고 부르는 것의 첫 번째 버전이 될 것이다. 그러나 우리가 발견해야 하는 것처럼 '수용개방성' 그 자체는 우리가 놀이 할 때 우리의 정향을 특징짓는 개념으로는 그다지 적절하지 않다.

우리가 쾌활함이라고 부르는 그러한 지향을 적절하게 이해하기 위해서 우리는 우리의 스포츠 놀이에 나타난 많은 다른 철학적 주제들을 고려해야만 할 것이다. 예를 들어 우리가 창안한 모든 스포츠는 사실상 그 활동이 그 안에서 머물러야만 하는 일련의 임의적 제한들, 예컨대 공간적 구역설정, 시간적 제한, 경기의 규칙 등을 설정해 놓고 있다. 우리는 살아가면서 우리에게 부과된 다양한 제한들에 저항하고 있으며, 이를 위해 많은 시간을 소비하고 있다. 그럼에도 불구하고 우리는 스포츠에서 또 다시 그러한 제한 내에서 경기하는 것을 자발적으로 선택하였으며, 그러한 유한성과의 대결을 만들어내었다. 이러한 사실이 의미하는 바는 무엇일까?

이것은 우리를 인간에게 흔히 있는 유한성과의 대결, 즉 우리는 어떻게 제한성을 가능성으로 바꾸려고 시도하는지, 그리고 스포츠는 어떻게 그렇게 시도하려는 우리에게 모범이 되는 예를 제공해 주는지에 대한 성찰로 이끌어 간다. 이것은 다음으로 우리가 때때로 급진적인 유한성의 상황 속으로 들어가는 것을 자유롭게 선택하고 있는 스포츠에서 잘 드러나고 있는 인간의 자유라는 중요한 철학적 논제를 생각해 볼 수 있도록 도움을 줄 것이다. 우리는 또한 위험감수와 신뢰의 역할뿐만 아니라 스포츠에서 '가치'의 미묘한 자리를 조사해야만 할 것이다. 마지막으로, 그러나 확실히 그중에서도 중요한 것은 재미의 현상이 어떻게 그리고 왜 그 최선의 상태에 있어서 스포츠경험의 필수적 측면인지 고려하는 일이다.

이제 각 장들의 순서와 관계에 대하여 몇 마디 언급하는 일이 필요할 듯싶다. 한편으로 각 장들은 기획된 각 영역에 있어서 중요한 논제가 되는 것들을 중점적으로 다루려는 취지에서 의도적으로 독립적으로 서술하였다. 따라서 원칙에 있어서 스포츠와 예술의 관계에 특별한 관심을 지닌 독자는 그 앞의 장들을 읽을 필요 없이 바로 5장부터 읽는 것이 유리하다. 그럼에도 불구하고 각 장들 간에는 느슨한 질서가 존재하고 있다. 나는 가장 일반적이고 설득력 있는 논제라고 할 수 있는 스포츠와 사회부터 논의하기 시작할 것이며, 점차적으로 보다 특별한 문제들로 옮겨갈 것이다. 따라서 스포츠와 사회라는 주제를 다루고 있는 첫 번째 장에 이어 두 번째 장에서는 그러한 관계의 안과 바깥에서 생겨나는 몇 가지 중요한 윤리적 문제들에 논의의 초점을 맞출 것이다. 3장 스포츠와 자아인식에서는 관심의 초점을 윤리학의 상호작용적 영역으로부터 개별 운동선수들을 위한 스포츠의 의미로 옮겨갈 것이다. 4장 스포츠에서 정신과 신체에서는 스포츠에서 자아인식에 도달하게 되는 '개인'의 본성에 관해 의문을 제기함으로서 이 주제를 계속 이어나갈 것이다. 5장에서는 스포츠경험의 매우 특별한 측면, 즉 그것의 미적 요소에로 관심을 전환할 것이며, 그 후에 스포츠와 예술의 관계에 대하여 의문을 제기할 것이다. 마지막으로 6장에서는 우리가 스포츠를 할 때마다 견지하게 되는 우리의 놀이 자세를 성찰해봄으로서 공동적인 관점으로 돌아간다. 희망적이게도 우리가 놀이를 할 때 '진행되고 있는' 그 무엇인가를 이해함으로서, 앞의 장들에서 제기된 논제들은 모두 함께 묶여지게 될 것이다.

이러한 주제들을 모두 고찰했다고 현재 스포츠에서 나타나고 있는 철학적 논제들을 모두 다루었다고 생각해서는 안 된다. 그러나 만일 이 책자가 우리의 스포츠경험에서 나타나고 있는 가장 중요하고도 지속적인 철학적 주제들의 일부를 적절하게 소개하였다면 나의 목적은 달성된 것이다. 또한 이 책자가 스포츠경험을 합법적이고도 중요한 철학적 탐구의 영역으로 정초시키는 데 조금이라도 기여하게 된다면, 최소한 저자의 생각에 이 책자는 크나큰 성공을 거두었다고 할 수 있겠다.

1장

스포츠와 사회

서문에서 언급했듯이 스포츠는 모든 사회의 문화생활에서 중요한 역할을 담당하고 있다. 호이징가(Johan Huizinga)가 보여주었듯이 이러한 진술은 진보된 현대사회에서뿐만 아니라 고대나 원시사회에서조차도 타당성을 지닌다.[1] 그렇지만 이 진술은 특히 현대 미국사회에 가장 잘 적용될 수 있다. 현재 수백만의 미국시민들은 한 가지 또는 그 이상의 경쟁적 스포츠활동에 참여하고 있다. 그리고 이들 중 일부는 프로경기나 대학 및 중등학교 대교경기와 같은 높은 수준의 경쟁적 스포츠활동에 참여하고 있다. 그렇지만 나머지 대다수의 스포츠행사는 소위 '빈터'에서 열리고 있거나 비공식적인 수준에서 개최되고 있다. 스포츠활동에 실제로 참여하는 사람들 외에도 스포츠행사를 관람하기 위해 경기장을 찾는 사람들의 수는 전국적인 규모로 산정할 때 매주 백만이 넘는다. 여기에 부가해서 국민의 대다수가 TV

---

1) Huizinga, op. cit.

를 통해 방영되는 스포츠경기를 시청한다는 점을 감안하면 수많은 사람들의 삶이 스포츠와 직접 또는 간접적으로 관련되어 있음을 알게 될 것이다. 그래서 그런지 스포츠세계에서나 통용될 법한 은유나 단어들이 일상적인 삶의 곳곳에서도 자연스럽게 사용되고 있다. 예컨대 대통령은 자신과 함께 일하고 있는 내각 구성원을 일컬어 '팀 플레이어'라고 부르고, 주식시장에서는 거액투자자들을 '주전 선수'라고 부른다. 확실히 스포츠는 문화현상의 중요한 구성요소가 되었다. 현재 이러한 스포츠의 논점과 사회적 논점에 모아지고 있는 철학적 관심의 주요 논쟁거리는 무엇일까?

스포츠와 가치

우리가 다루어야만 할 첫 번째 주제는 이러한 관계와 직접적으로 관련이 있다. 나쁜 의미로든 좋은 의미로든 사람들 모두에게 자명한 점은 스포츠에서의 가치는 스포츠가 일어나고 있는 사회의 가치를 최소한 부분적으로라도 반영하고 있다는 사실이다. 19세기의 철학자 헤겔(G. W. F. Hegel)은 우리가 사람들이 숭배하는 신을 통해 그 사람들을 이해할 수 있다고 말한 바 있다. 스포츠를 좋아하는 사람들에 대해서도 비슷한 주장을 제안할 수 있다. 협동심, 자율성, 팀의 이익을 위해 개인의 영광을 기꺼이 희생하려는 의지, 인내심을 요하는 훈련의 중요성 등과 같은 가치를 강조하는 스포츠문화는 그러한 스포츠가 일어나고 있는 사회의 문화적 가치와 문화적 요구에 관한 어떤 것을 우리에게 말해주고 있다. 만일 스포츠의 가치가 권위에 대한 무조건적 복종이나 목표달성을 위해서는 타인을 해쳐도 된다는 생각, 또는 거짓말, 속임수, 협박, 그리고 자신의 신체적 건강에 해가되는 위험의 감수 등을 포함한다면 이것은 더 이상 진실이 아니다.

일단 스포츠세계에 나타나는 가치들이 사회의 가치들을 반영하고 있다는 점을 인정한다면, 스포츠가 그 참가자들에게 이러한 가치들을 가르칠 수 있고 가르치고 있다는 추론은 납득이 간다. 만일 많은 사람들이 스포츠에서 강도 높은 몰입을 경험했으며, 이를 통해 대부분의 스포츠종목들이 해당 스포츠에서 요구되는 중요한 기술들을 개발하고 숙달하기 위한 학습 환경을 우리에게 제공해준다는 사실을 알게 되었다면, 스포츠종목들이 자신에 반영된 가치들을 또한 가르치고 싶어 한다는 점을 추측하는 것도 가능하다. 협동정신, 자기규율, 공명정대함 등의 가치를 가르치는 스포츠의 능력을 칭송하는 열광주의자들은 스포츠의 맥락에서 학습하는 이러한 가치들이 일상생활 그 자체의 맥락에서는 훨씬 더 유용해질 수 있을 것이라는 약속에 호소한다. 맥아더(Douglas MacArthur) 장군은 '운동경기의 투쟁이라는 친숙한 분야에 씨를 뿌리면, 다른 날 다른 분야에서 승리의 열매를 수확할 수 있을 것이다'라고 말한 바 있다. 이 말은 스포츠종목들이 이러한 가치들을 가르칠 뿐만 아니라 그러한 가치들은 단지 스포츠에서만 통용되는 스포츠특유의 것이 아니라 일상생활에서도 폭넓게 통용되는 것이라는 점을 인식시켜주고 있다. 아마도 이러한 종류의 주장 중에서 가장 강력한 것은 '내가 윤리를 실제로 배울 수 있었던 유일한 상황은 스포츠에서였다'라는 프랑스작가 카뮈(Albcnt Camus)의 말일 것이다.[2)]

가치는 다음과 같은 순서로 움직이는 것 같다. 일차적으로 스포츠

---

2) Camus, Albert, "The Wager of Our Generation," in Resistance, Rebellion, and Death, translated by Justin O'Brien. New York, Vintage Books, 1960, p.242.

종목들은 그것이 수행되고 있는 사회에 내재된 가치들을 반영한다. 즉 가치들은 사회라는 큰 영역에서 기원하여 그 사회가 만들어낸 스포츠에 반영되는 것이다. 강조점을 약간 달리해서 말하자면 스포츠가 드러내는 가치들은 단지 스포츠로서의 스포츠에만 고유한 것이 아니라 사회에서 기원한 가치들의 반영인 것이다. 그리고 두 번째로 스포츠는 이러한 가치들을 그 참여자들에게 가르치게 되는 데, 이를 통해 스포츠의 맥락에서 학습되는 이 가치들은 그것들이 발원한 사회로 되돌아가게 된다. 스포츠는 그 참여자들에게 가치를 가르치기 때문에 종종 칭송의 대상이 되는 데, 이러한 칭송은 바로 앞서 설명한 일련의 구조의 이루어진 가정에 토대를 두고 있다.

경쟁적 스포츠를 혹독하게 비판하고 있는 사람들 역시 이와 똑 같은 구조를 가정하고 있다. 차이점이 있다면 스포츠에 의해 반영되고 채택된 가치들이 매우 다르다는 점이다. 이 점을 명료하고 솔직하게 하기 위해 마르크스주의자들의 경쟁스포츠비판에 초점을 맞추어 논의를 개진하겠다. 그러나 그러한 비판도 마찬가지로 스포츠에 대한 '자유주의적' 비판에 의해 폭넓게 공유되어야 한다는 생각에는 변함이 없다.

이 비판을 보다 더 잘 이해하기 위해서 자본주의에 대한 마르크스주의의 비판의 특정한 요소를 개략적으로 살펴보는 것이 도움이 될 것이다. 이 분석에 따르면, 자본주의는 희소성의 준원시적 상황에서 도래한 세계경제의 발달단계이다. 인간사회발달의 초기 시점에서 우리는 의식주와 같은 기본적 욕구에 대한 공급이 불충분한 상황에 처해있었다. 이러한 상황은 우리가 원시적 경쟁상황이라고 불러야만 하는 사태를 야기시켰다. 이러한 최초의 조건과 관련하여 두 가지 사항이 언급되어야만 할 것이다. 첫째, 마르크스주의자들에 따르면 그것은 경제적 조건에 의해, 즉 기본적 욕구의 결핍에 의해 야기된 것이기 때문에 인간의 '자연적' 조건은 아니라는 점이다. 만일 바른 조건이 주어진다면, 즉 희소성이 사라진다면, 추측컨대 경쟁도 사라질 수 있을 것이다. 둘째, 이러한 경쟁이 발생하는 조건은 본질적으로 사람들을 소외시킨다는 것이다. 이것은 생존 자체를 위한 투쟁이다. 이러한 조건하에서 경쟁자들 사이에서 우정과 공명정대함을 요구하는 것은 우스꽝스러운 일이다. 불가피하게 단지 몇 명만이 살아남을 수 있는 희소성의 상황 하에서 생존을 위해 투쟁하는 사람들은 서로로부터 소외되어지게 된다.

이에 대한 첫 번째 경제적인 반응은 노동 분업이라는 창조적인 해법이었다. 즉 다른 능력을 가진 다른 사람들에게 다른 업무를 할당함으로서(신발제조자는 신발만 만들고, 농부는 농사만 짓고 등) 재화의 생산이 요구되어지는 양보다 훨씬 많아진다는 것이다. 그 결과 희소성이 해소가 된다는 것이다. 그러나 불행하게도 사태는 그렇게 간단하지 않았다. 노동의 분업은 오히려 경쟁문제를 악화시켰다. 왜냐하면 특정 직업들은 다른 직업들을 통제하는 힘을 갖게 되었기 때문이다. 부자와 빈자 간에 경제적 격차가 빠르게 심화되었으며 그럴수록 소외의 정도는 더욱 심해졌다.

매우 긴 이야기를 짧게 하자면, 자본주의는 산업혁명 때까지, 그리고 근대산업을 통한 대량생산의 수단이 개발될 때까지 완전하게 꽃피지는 않았었다. 마르크스에 따르면 자분주의는 이 지점에서 새로운 단계에 도달한 것이다. 현재를 고려해 보자. 근대산업의 발달에 힘입어 우리는 원칙적으로 결핍을 극복할 수 있는 수단을 갖게 되었다. 마르크스는 만일 우리의 생산능력이 적절하게 조직되었다면, 만일 우리가 사회적으로 이로운 상품들을 만들었다면, 그리고 만일 재화들이 공정하게 분배되었다면, 19세기의 산업발달로도 사람들이 욕구를 충분하게 충족시킬 수 있었을 것이라고 확신했다. 문제, 또는 마르크스의 용어를 사용하자면 모순은, 원리적으로 결핍의 극복을 허락하는 자본주의, 바로 그 체재가 사실적으로는 결코 그것을 해내려고 하지 않았다는 점이다. 이것은 체재 그 자체의 특정한 성격, 즉 경쟁과 경쟁적 구조가 허락하는 것, 즉 소외, 탐욕, 그리고 동료에 대한 인간적 관심의 결여 등과 같은 성격 때문에 나타난 결과이다.

그 발달형식에 있어서 자본주의는 또는 보다 정확하게 표현하자면 자본주의에 내재되어 있는 경쟁은 네 가지 방식으로 소외를 만들어 내었다.[3] 첫 번째로 노동자들은 그들이 만든 상품으로부터의 소외를 경험하게 된다. 캐딜락의 조립생산라인에서 일하는 노동자를 예로 들면 그들은 그들이 살 능력이 없는, 그리고 나중에 그것을 소유하게 될 부유층사람들이 노동자에 대한 자신들의 우월성을 과시하는 수단으로 이용할 상품(캐딜락)의 생산에 창조적 에너지를 투입하거나 때때로 소진해야만 한다. 노동자의 창조적 에너지가 투입되어 생산된 바로 그 생산물이 그들을 외면하게 되며, 결국 소외라는 결과가 발생하게 되는 것이다.

이는 직접적으로 두 번째 소외 형식, 즉 자아 소외로 이끈다. 노동자 자신의 창조적 에너지는, 위의 예에서 증명하였듯이, 노동자 자신에게 대적하게 된다. 마르크스에 따르면, 인간은 본질적으로 창조적이거나 생산적인 존재(Homo faber)이므로, 그러한 창조적인 충동의

---

3) 이에 대한 더욱 적합한 설명은 마르크스의 초기 수고인 『Economic and Philosophic Manuscripts of 1844』의 “Alienated Labor” 섹션에서 발견할 수 있다. T. B. Bottomore(1963)가 번역, 출간한 『Karl Marx : Early Writings』, New York. McGraw-Hill Company p.120 이하를 참고할 것.

산물로부터의 소외는 자기 자신으로부터의 소외와 동일한 것이다. 노동자들은 자기 자신의 노동의 산물이 자신에게 적대적으로 돌아서는 것을 보며 자기소외를 경험한다.

그러나 마르크스에 따르면 이러한 창조적이고, 생산적인 활동은 마르크스가 '종적 존재(species being)'[4]라고 부른 인간 본성의 본질이지 우연한 특성은 아니기 때문에 그런 소외는 셋째로 일단 인간 본성 자체로부터의 소외이다. 이로부터 네 번째이자 피할 수 없는 동료 인간으로부터의 소외, 즉 노동자를 억압하는 소유주로부터의 소외와 주어진 자본주의 체재 하에서 자신의 생존을 위해 경쟁을 강요당하는 동료노동자로부터의 소외가 발생하게 된다.

이상에서 간략하게 요약, 설명한 자본주의하에서 나타나는 소외에 대한 마르크스주의자들의 비판은 이것이 스포츠에서의 경쟁에 어떻게 응용될 수 있는지 다음과 같이 설명하고 있다. 첫째, 우리는 스포츠종목들이 명백하게 그것이 발원한 사회의 가치들을 반영한다고 말했다. 이 경우에 최악의 자본주의적 가치가 경쟁적인 스포츠에 반영된다. 추정하건 데 소외는 자본주의자들의 경쟁에 고유한 것이다. 그것은 승리지상주의나 누군가를 패배시킨다는 명목하의 자기비하, 권위에 대한 무조건적 복종, 타인을 해치고자하는 의도 등과 같이 최악의 자본주의적 가치가 반영되어 있는 스포츠에 현존하는 모든 가치들에 부수하는 가치이다. 프랑스의 마르크스주의자 장 마리 브롬(Jean-Marie Brohm)은 이 점을 다음과 같이 언급하고 있다.

> 스포츠는 … 전통적이며 억압적인 도덕성의 모든 가치, 따라서 부르주아적 사회에 의해 촉진된 모든 행동모형, 예컨대 자기 자신에게 주어

---

4) Ibid, p,13, 26, 31, 127.

> 진 의무의 숭배라든지 공동체를 위한 희생정신, 초자아의 이데올로기, 복종, 규율 등과 같은 행동모형 등을 포함한다.5)

더욱이 스포츠의 가치들은 자본주의적 가치들을 단순하게 반영할 뿐만 아니라, 각 스포츠종목들은 통해 이러한 가치들을 가르치기도 한다.

> 첫 번째로 스포츠는 노동력(노동자들)을 자본주의의 규범들에 따라 또는 관료적인 국가자본가들의 착취에 따라 작동하도록 훈련시킨다. 스포츠는 기본적으로 자동기계처럼 취급되고, 최대생산원리에 의해 통제되는 신체의 기계화이다.6)

브롬(Brohm)의 논변이 갖는 보편적 힘을 이해하기 위해서 마르크스주의자가 될 필요는 없다. 만일 스포츠의 가치가 사회의 가치들의 반영이고, 스포츠가 이러한 가치들을 가르친다면, 그리고 추가해서 만일 이러한 가치들이 바람직하지 않다면 우리는 스포츠와 관련하여 심각한 문제를 갖고 있는 것이다. 더욱이 심지어는 스포츠의 잠재적인 긍정적 가치의 옹호자들(나 자신도 여기에 속한다)도 스포츠에 의

---

5) Brohm, Jean-Marie, Sport : A Prison of Measured Time. London, Inks Press, 1978, p.26. 다른 좌파적 스포츠 비판은 Scott, Jack, The Athletic Revolution, New York, The Free Press, 1971, and Hoch, Paul, Rip Off The Big Game : The Exploitation of Sports By the Power Dlite, New York, Doubleday & Co., 1972. 도움이 되는 논문은 William Morgan의 "Play, Utopia, and Dystopia : Prologue to a Ludic Theory of the State," in Morgan and Meier, editors, Philosophic Inquire in Sport, Champaign, Ill., Human Kinetics Publishers, 1988, p.419.

6) Ibid., p.55.

해, 특히 잘못된 코치에 의해 자주 주입되는 바람직하지 못한 가치가 있다는 점을 분명하게 인정해야만 할 것이다.[7] 우리는 "스포츠는 소외를 만들어낸다. 그것은 보편적인 공산주의사회에서 사라질 것이다"[8]라는 마르크스주의적 해결책에 집착할 필요는 없지만, 실로 문제를 가지고 있다는 점에 동의할 필요는 있다.

위에서 입증된 인용처럼, 마르크스주의적 스포츠비판은, 경쟁은 본래적으로 소외를 일으키며, 경쟁은 자본주의의 본질적이고 환원할 수 없는 요소이기 때문에 소외를 제거하기 위해서는 자본주의를 폐지해야만 한다는 논변에, 즉 결정적으로 그들의 자본주의 분석에 토대를 두고 있다. 이러한 논변 위에서 스포츠의 경쟁적인 측면이 스포츠를 근원적으로 소외를 야기시키는 것으로 만든다는 주장이 나타나게 된 것이다. 경쟁적인 스포츠를 소외 없는 인간실천으로 만들 수 있는 방법은 없다. 소외의 문제를 해결하는 유일한 방법은 경쟁적인 스포츠 자체를 폐지하는 것이다. 뒤의 장에서 우리는 '소외와 운동경기의 경쟁 간의 관계가 필연적이냐 우연적이냐?'라는 논점을 다시 다룰 것이다. 만일 우리가 스포츠에서의 경쟁이 실제로 본래적이고 소외를 만들어낸다는 점을 발견한다면, 마르크스주의자들의 스포츠 분석은 타당성을 부여받을 수 있을 것이다. 다른 한편으로 만일 우리가 경쟁적 스포츠와 소외의 관계가 단지 우연한 것이라는 점을 발견하다면, 즉

7) 내 수업을 들었던 대학미식축구팀 라인 맨 출신의 한 학생은 자신의 경험을 되돌아보고 그가 (운동선수기간동안) 배웠던 학습들 가운데 한 가지는 "내가 다른 사람들에게 고통을 준다는 사실을 쉽게 잊어버리는 것"이었다고 술회한 바 있다. 그는 좋은 사람이 되려면 그러한 습성을 배우지 말아야만 한다고 깨달게 되었다.

8) Brohm, op. cit., p.52.

스포츠가 소외를 야기할 수도 있지만 그렇지 않을 수도 있다는 점을 발견한다면, 우리는 마르크스주의적 분석을 의미 있는 방식으로 수정해야만 할 것이다.

마르크스주의의 경쟁스포츠 비판과 사회적 가치에 대한 그것의 관계설정은 매우 도전적인 것이지만, 그것이 유일한 설명방식은 아니다. 예컨대 사람들은 그 가치를 약화시키는 것은 경쟁 또는 스포츠에 내재하는 그 어느 것도 아니라고 주장할 수도 있다. 오히려 스포츠 자체에 전혀 내재적이지 않은 가치들, 즉 사회내의 다른 가치들이 스포츠를 손상시키기 위하여 스포츠 안으로 유입된 것이라고 주장할 수도 있다. 예를 들면 크리스토퍼 라쉬(Christopher Lasch)는 지금의 스포츠가 교육, 사업 확장, 오락 등의 수단으로 변질되면서 타락하고 볼품없는 것이 되었다고 주장하고 있다.[9] 그는 스포츠종목들이 원칙적으로, 토대가 되는 방식에 있어서 그들이 발원한 보다 큰 문화로부터 독립된, 자신만의 '문화'를 만들어내야 한다고 제안하였다. 스포츠 종목들은

> 자연에 대항한 인간의 투쟁이나 공동체의 복지와 안녕, 또는 물리적인 생존 등에 전혀 보탬이 되지 않는 완전히 쓸모없는 활동을 위하여 기술과 지성, 목적달성을 위한 최고의 집중력을 요청한다.[10]

---

9) Lasch, Christopher, "The Degradation of Sport," in Philosophic Inquiry in Sport, edited by William Morgan and Klaus V. Meier. Champaign, Illinois, Human Kinetics Publishers, 1988, pp.403～418. 이 논문은 원래 Lasch, The Culture of Narcissism. New York, W. W. Morton, 1979의 한 장이었다.

10) Ibid, p.403.

그럼에도 불구하고 스포츠종목들은 그들을 둘러싸고 있는 문화와 특정한 관계를 유지하고 있다. 스포츠종목들은

> 현실로부터 도피하기 보다는 차라리 그것에 관한 극적인 해설을 제공해준다. 다시 말해 공동체적 전통들을 거절하는 것이 아니라 그것들을 고상하게 만들어 재현하는 것이다.[11]

라쉬(Lasch)는 스포츠가 사회적 가치를 반영하면서 동시에 독립적인 문화를 만들어내는 데, 만일 스포츠가 '교육, 성격발달, 또는 사회적 향상에 봉사하도록 강요당하면'[12] 이러한 미묘한 균형이 무너져 버린다고 주장한다. 이러한 타락은 스포츠가 대규모 사업이 되고 유흥산업의 부분이 되었을 때 완벽하게 진행된다. 스포츠를 다시 건강하게 회복시키는 방법은 그것에 부과된 교육적 부담과 사업, 오락으로부터 스포츠를 해방시켜 그것을 원래 모습으로 복원시키는 것이다.

라쉬의 분석도 여전히 스포츠와 사회 사이의 관계를 상정하고 있음에 유의할 필요가 있다. 구체적으로 말하면 스포츠의 가치들은 이전된 것이며, 사회적 가치들의 반영인 것이다. 그러나 마르크스주의자들과는 다르게 라쉬의 분석은 사회로부터 스포츠 안으로 스며든 이러한 부정적인 가치들이 스포츠 자체에는 우연적인 요소임을 제안하는 스포츠비판의 한 예이다. 그것들은 원칙적으로 스포츠로부터 제거될 수 있다(라쉬 자신조차도 이 점에 대하여 그다지 낙관하고 있지는 않은 듯이 보인다). 따라서 스포츠는 그것의 참된 본질을 깎아내리는, 사회로부터 유래한 가치들이 자신 안으로의 침략하는 것을 막

11) Ibid, p.415.

12) Ibid, p.403.

아야만 한다.

우리의 목적을 위하여 중요한 점은 마르크스주의자들과 라쉬주의자들의 분석이 스포츠와 사회의 관계를 비판적으로 볼 수 있는 두 가지 방식의 예라는 점을 인식하는 일이다. 마르크스주의적 분석에 따르면 스포츠에 본래적인 가치들이 실제로 사회의 본래적인 가치들(이 경우에 있어서 자본주의의 부정적인 가치들)을 반영하고 있는 구조로 나타나지만 이 가치들은 너무나 깊게 경쟁적 스포츠의 한 부분이 되어서 그것들은 스포츠 자체에 구성적이 되었다는 것이다. 결점을 제거하는 유일한 방법은 최소한 현재 존재하고 있는 것과 같은 그런 모습의 경쟁적 스포츠를 제거하는 것이다. 이런 의미에서 이것은 라쉬에 의해 예제화된 것보다 훨씬 '급진적인' 비판인 셈이다. 그는 현재 스포츠는 사회로부터 이전된 특정한 가치들에 의해 손상을 입었다고 주장한다. 그러나 이러한 가치들은 스포츠 자체에 본래적인 것이 아니기 때문에 원리적으로 스포츠로부터 제거될 수 있으며, 이를 통해 스포츠 자체가 보존되고 향상된다는 것이다. 만일 누군가가 이러한 비판을 채택했다면 그는 스포츠의 제거가 아니라 '개혁'을 주장하는 옹호자일 것이다. 그럼에도 불구하고 두 비판은 모두 스포츠의 가치들이 사회의 가치들을 반영하며 스포츠종목들은 이러한 가치들을 가르친다는, 앞으로 더 많이 논의되어져야할 두 가지 전제를 가정하고 있다.

이러한 논변들에는 스포츠의 가치들이 어쨌든 모두 사회에서 기원했다는 세 번째의 전제가 함축되어 있다는 점에 주목해야만 할 것이다. 이 점을 다소 다르게 지적하자면 스포츠는 그 자체 내에 본래적인 또는 내재적인 가치, 예를 들면 후자(사회)를 위해 사회로 옮겨져야 할 가치를 지니고 있지 않다는 말이 된다. 주지해야 할 점은 스포츠의 가치들이 사회의 가치들에 완벽하게 동화될 수 없다는 라쉬의 주장에 이 후자의 가능성에 대한 함축적 힌트가 있다는 사실이다. 교시적인 비판에서 라쉬는 말하기를

> 스포츠는 사회화의 역할을 하지만 그것이 가르치는 학습내용은 필수적으로 코치와 체육교사가 전달하고자 하는 것은 아니다. 스포츠의 거울이론(스포츠의 가치는 사회가치의 거울)은 모든 환원주의자들의 문화해석처럼 문화적 전통의 자율성을 인정하지 않는다. 스포츠에서 이러한 전통은 한 경기자 세대에서 다른 경기자 세대로 세습되어왔다. 비록 운동경기들이 사회적 가치들을 반영하지만 그것들은 이 가치들에 완전하게 동화되지는 않는다.[13)]

만일 그렇다면 우리는 스포츠가 단지 사회로부터 이전된 것이 아니라 사회의 가치들을 파괴할 수도 있는 가치, 또는 사회로 이전되어 이로움을 줄 수도 있는 몇 가지 가치를 포함할 수도 있는 가능성을 인정해야만 할 것이다. 우리는 관심을 우리 사회의 심각한 문제라고 할 수 있으며, 스포츠에서도 결코 그에 못지않게 중요한 문제라고 할 수 있는 인종차별주의와 성차별주의라는 두 가지 논제로 돌림으로서 이러한 가능성에 대한 희망의 빛을 밝히고 아마도 퍼트릴 수 있으리라 믿는다.

스포츠에서의 인종차별주의

인종차별주의부터 시작해 보자. 스포츠에 명백하게 존재하는 인종차별은 기존 사회의 가치들이 스포츠 제도들에도 반영된다는 주장을

---

13) Lasch, op. cit., pp.410~411(my parentheses and my emphasis)

입증해주는 완벽한 실례라고 할 수 있다. 인종차별이 전체로서 국가에서 하나의 형식적 제도였을 때 그 순수한 형식에 있어서 흑인들은 주요 스포츠종목들의 대부분에서 차별대우를 받았으며, 그들 자신만의 리그를 형성해야만 했었다. 인종차별이 불법화되었을 때 우리는 그것이 인종차별의 종식이 아니라는 사실을 깨달고 경악스러움을 금하지 못했다. 단순하던 형식은 미묘한 형식을 띠게 되었으며, 더욱 복잡해졌고, 많은 방식에 있어서 더욱 음험해졌다. 동일한 양상이 조직화된 스포츠에서도 나타났다. 인종차별이 금지된 후에 흑인들은 점차적으로 조직화된 스포츠에 통합되었으나, 종종 설명되지 않은 엄격한 몫이 그들에게 할당되었다. 위대한 보스톤 셀틱(Boston Celtic)팀의 센터였던 빌 러셀(Bill Russell)은 농구가 통합되던 초기에 '팀들은 집에서는 흑인 두 명으로, 거리에서는 세 명으로, 그들이 승리하기를 바란다면 네 명으로 시작해야만 한다'고 말했다. 더욱이 공식적인 통합 후에도 흑인들은 상당히 오랜 기간 동안 미식축구에서 쿼터백과 같은 많은 기술을 필요로 하고 경기에서 핵심적인 역할을 담당하는 포지션에서 배제되었다. 심지어 오늘날에도 프로스포츠의 코치나 매니저를 담당하고 있는 흑인의 수는 이해가 안 될 정도로 적다는 사실에 대하여 많은 이견이 존재한다.

우리 사회에서 인종차별주의의 극복과 관련하여 지난 30년 또는 그 이상 기간 동안 중요한 진전이 있었음을 부인하는 사람도 있을 것이다. 그러나 마찬가지로 인종차별이 여전히 하나의 문제로, 즉 그것은 대부분의 경우 직접적으로 표출되거나, 언급되거나, 정직하게 나타나지 않고 교묘한 방식으로 영향력을 행사하는 문제로서 남아있다는 점을 부인하는 사람도 있을 것이다. 흑인들과 소수민족들이 지금까지 이루어온 진보에 만족해야만 한다고 불만을 토로하는 몇몇 백인들은 여전히 더욱 교묘해진 방식으로 영향력을 행사하고 있지만, 더 이상 강력하고 무자비하게 자행되지는 않는 인종차별에 점차 무감각해져가고 있다.

다시금 우리는 동일한 증상을 현재 스포츠세계에서 발견한다. 오늘날 스포츠에 나타나는 인종차별의 더욱 교묘해진 형식의 한 예는 뛰어난 경기자에 대한 평가와 그들이 자신의 무용을 성취하는 방식에 관심을 기울이고 있다. '슈퍼스타'라는 위상을 지닌 백인선수들은 예외 없이 열심히 노력하고, 책임감 있게 행동하며, 희생적으로 경기에 임하여 그러한 업적을 이룬 것으로 평가받는다. 그렇기 때문에 그들은 이러한 기대에 부응하여 자신의 탁월성을 보여주어야만 한다. 다른 한편으로 흑인 슈퍼스타들은 '천성적인' 운동선수로 특징 지워진다. 이렇듯 명백하게 단순한 규정에 함축된 주장은 그들이 백인스타들처럼 그렇게 열심히 노력하고, 책임과 의무를 다하는 덕목을 드러낼 필요가 없다는 점이다. 결국 흑인들은 천성적으로 재능이 주어졌기 때문에 노력하지 않아도 우수한 성취를 이룰 수 있다는 인종차별적 판단 속에서 우수한 흑인선수들의 숨은 노력이 곡해되고 오도된다는 것을 이해할 수 있다.

이상의 내용을 고려할 때 스포츠에는 인종차별주의가 있어왔으며, 현재도 여전히 존재하고 있고, 이러한 인종차별주의는 우리 사회에 여전히 현존하는 인종차별의 반영이라는 주장은 매우 설득력 있게 들린다. 이러한 주장에 대해 정반대되는 주장은 스포츠종목들 자체가 어느 정도 본래적으로 인종차별적이라는 주장이다. 즉 야구나 테니스, 골프 등에는 본래적으로 어느 정도 인종차별적인 요소가 포함되어 있다는 주장이다. 그러나 나는 아직까지 그렇게 주장하는 사람을 보지 못했다. 장담하건데 인종차별주의는 스포츠의 필연적 특징이 아니라 우연적 특징이다. 그렇다면 우리들의 대부분은 확실하게 '인종차별주의는 원칙적으로 스포츠종목들로부터 제거되어질 수 있다'는데 동의할 수 있을 것이다. 그리고 스포츠종목들은 예전처럼 변함없이 지속할 수도 있겠지만 만일 개선된다면 상황은 현재보다 훨씬 좋아질 것이다.

만일 인종차별주의가 스포츠의 많은 가치들처럼 사회로부터 옮겨져 왔고, 스포츠 자체의 우연적 속성이라면 앞에서 제기한 물음이 다시 떠오를 것이다. 스포츠상황에 내재적이라고 할 수 있는 다른 가치들, 예컨대 사회로 이전되어 이익이 될 수도 있는 그런 가치들이 있을까? 인종차별주의의 예를 통해 그러한 가능성이 현실화될 수도 있다는 점을 설명해보겠다. 당신이 길거리 놀이터의 농구코트에 있다고 상상해보라. 당신은 승리한 팀이 계속 경기할 수 있고, 패배한 팀은 다음 차례가 돌아올 때까지 주변에 앉아 있어야 되는 길거리 농구의 관행을 잘 알고 있을 것이다. 마찬가지로 이곳은 인기 있는 코트라서 상당히 많은 선수들이 대기하고 있기 때문에 경기에서 패배하게 되면 최소한 한 시간 또는 두 시간 이상 동안 앉아서 자기 차례가 돌아오기를 기다려야만 된다고 상상해 보라. 스포츠에서 전형적인 이러한 상황은 승리에 상당한 의미를 부여하고 있다. 상상을 팀들이 구성되는 상황으로까지 밀고 나가보자. 당신은 선택하는 입장에 서 있으며 백인이라고 치자. 의심할 바 없이 당신은 농기경기를 계속할 수 있는 기회를 가능한 한 극대화시키기 위하여 최고의 팀을 구성하기를 원할 것이다. 당신 차례가 왔을 때 선택을 기다리는 최고의 선수는 우연하게도 흑인이었다고 치자. 그러나 당신은 인종차별주의자이기 때문에 당신 팀에 흑인선수를 합류시키기를 원하지 않는다. 그래서 당신은 최고의 흑인선수를 제쳐두고 다소 열등하지만 백인인 한 선수를 선택하였다고 하자. 이 상황에서 당신은 인종차별주의를 고수한 결과, 경기에서 패하고 경기장 주변에 앉아 다음 차례를 기다리는 분명한 대가를 치르게 될 것이다.

이와 같은 공정하고 전형적인 운동경기상황에 대한 세밀한 관찰이 바로 그 구조(부족한 선수의 선발과 승리에 대한 명확한 관심)가 그 속에 일련의 가치를 함축하고 있거나 또는 최소한 명확한 가르침을 전달해준다는 점을 알려주고 있다. 예를 들면 만일 누군가가 '능력에 따라 사람을 판단하라'는 원리에 따라 행동했다면 그는 자신의 행위 기회를 극대화시키는 것이다(이 예에서는 그들의 농구능력이지만 그 원리는 명백하게 옮겨질 수 있다). 만일 누군가가 이 원리를 진심으로 더욱 일반화시킨다면, 인종차별주의의 극복은 소폭이나마 한 단계 더 발전하게 되는 것이다.[14)]

나는 이 예를 사회의 가치와 스포츠의 가치 사이의 운동방향이 양방향이 될 수 있으며, 스포츠에서 드러나는 특정 가치들은 사회에 기원을 두고 있는 동일한 가치들의 반영(인종차별주의의 경우)이기도 하지만 스포츠 상황 그 자체의 바로 그 구조에 내재된 다른 가치들, 즉 사람들이 사회에도 폭넓게 반영시키기를 원하는 그런 가치들도 있다는 가능성을 제안하는 데 사용하였다.

시민권운동이 활발하게 전개되기 전인 젊은 시절 나는 조직화된 스포츠에서 흑인차별을 정당화하는 주장, 즉 그들은 단순히 운동선수

---

14) 유사한 학습이 대학수업의 전형적인 강의시간에 이루어지고 있다는 사실을 쉽게 성찰할 수 있다. 대학의 세미나시간에 학생의 평가는 제시된 논제에 대한 그들의 사려 깊음, 지성, 그리고 감수성을 토대로 이루어진다. 그러나 대부분의 경우 수업이 끝나면 이러한 평가는 곧바로 내던져지고, 일상에서 이루어지고 있는 평범한 평가를 선호하게 된다.

로서 자질이 열등하기 때문에 백인선수들과 경쟁하는 것은 그들에게 굴욕적이라는 주장을 반복해서 들을 수 있었다. 몇 년 후에 그들 역시 최소한 백인만큼의 능력을 지닌 운동선수라는 점이 증명된 후에 사람들(주로 백인들)은 흑인이 우수한 운동선수였던 이유는 발생학적, 생리학적으로, 운동경기능력이 생존을 위하여 필수적인 원시적 조건에 가까웠기 때문이라는 그 이전의 주장과는 정확하게 반대되는 주장을 듣기 시작했다. 운동선수로서 흑인의 열등성을 역설하는 전자의 주장은 의심할 바 없이 출발부터 '나쁜' 신념에 기초하고 있다. 회고에서 나는 그것을 제창한 사람들도 아마 그것을 완전하게 믿지는 않았을 것이라고 의심하였다. 그러나 후자의 주장에 대해서는 오늘날까지 여전히 이견이 분분하다. 그것은 더 이상 스포츠에서 백인과 소수인종의 분리를 위한 정당화근거로서 이용되지는 않지만, 미국의 운동경기에서 소수민족, 특히 흑인들의 현저한 성공에 대한 설명으로 종종 이용되고 있다.

이러한 상황에 관해서 확실히 어느 정도는 부연설명이 필요하다. 예컨대 NBA의 75%에 달하는 농구선수들과 NFL의 55%에 달하는 미식축구선수들이 흑인이다. 특히 흑인들이 미국 전체인구의 소수를 차지하고 있는 상황을 고려할 때 이러한 사실은 흑인들의 운동경기능력이 상당히 뛰어나다는 점을 입증해주는 근거가 될 수도 있다. 그러나 우리는 이 사실을 어떻게 설명해야만할까? 가장 먼저 이야기할 필요가 있는 것은 그 이유를 그 어느 누구도 분명하게 알지 못한다는 사실이다. 이러한 현상에 대한 적절한 설명은 아직 진행형이다. 더욱이 큰 문제는 그러한 연구가 인종관계의 민감성으로 인하여 더욱 악화되고 있다는 점이다. 이 문제를 탐구하려는 노력이 특히 발생학적 또는 생리학적 차이의 가능성을 탐구하기를 원하는 사람들 때문에 종종 함축적인 인종차별의 신호로서 간주되기도 한다.

그럼에도 불구하고 두 가지 일반적인 설명방향, 즉 사회학적 설명방식과 발생학적 또는 생리학적 설명방식이 구별될 수 있다. 현재 우세한 것처럼 보이는 사회학적 설명은 기본적으로 이 차이를 백인과 흑인 젊은이들의 어린 시절과 영양공급을 유형화하는 사회적 차이로 해석하는 경향이 있다. 아마도 이러한 설명의 가장 상식적인 버전은 설명의 토대로서 대부분 흑인들이 처해있는 낮은 사회－경제적 위상을 지적한다. 그들의 삶을 관철하는 생존투쟁 상황에 직면하여 흑인들은 훨씬 일찍, 그리고 훨씬 직접적으로, 운동경기영역으로 전환될 수 있고, 그로 인하여 뛰어난 경기자가 되는 데 도움이 되는 경쟁적인 태도를 발달시킬 수 있었다는 것이다. 반대로 많은 백인 젊은이들은 '너무나 쉽게 그것을 가지기 때문에' 우수한 운동선수가 되기가 어렵다는 것이다. 또 다른 설명은 흑인들이 경제적 성공에 이르는 많은 기준적인 통로로부터 배척되고 있는 현실에 직면하여 운동경기자로서의 성공은 그들에게 정말로 열려있는 재정적 성공으로의 좁은 길 가운데 하나라는 사실을 일찍부터 깨닫게 된다는 것이다('게토로부터 빠져나오는 출구' 논변 : 빈곤에서 탈출할 수 있는 길은 오직 위대한 운동선수가 되는 것이라는 신념).

이와 같은 논변들이나 그 변형태 가운데 어느 것도 흑인들을 우수한 선수로 만들어주는 그 어떤 본질적이거나 자연적인 차이에 대하여 설득력 있게 설명해주지 못하지만 그들을 부각시켜준 사회경제적 조건들에 대한 설명은 그렇지 않다. 이러한 설명에 호소하는 사람들은 운동경기자로서의 성공에 중요한 그 어떤 '자연적인' 차이도 거부한다. 즉 그것은 '백인과 흑인은 아주 다르다'는 다분히 인종차별주의 이데올로기에 토대를 두고 있는 설명 틀에 얽매이는 것을 피한다.

두 번째 설명 틀, 즉 발생학적 또는 생리학적 설명은 여러 가지 이유에서 더욱더 논쟁의 여지가 많다. 여기서 흑인선수들이 이룬 크나큰 운동경기에서의 성공에 대한 설명은 흑인과 백인 간의 발생학적 및 생리학적 차이가 그들을 뛰어난 경기자가 되게 한다는 주장의 형식을 취하고 있다. 예를 들면 흑인들의 근섬유나 근육구성 또는 발의 뼈가 백인들과는 달리 운동에 아주 적합하게 이루어져있어서 점프력이 좋다거나 지구력이 좋다는 식의 주장들이 제시되고 있다. 비록 다행스런 소수는 이러한 설명대로 다리도 길고 근육도 탄력이 있어 점프력이 좋고 운동기능도 좋다고 할 수 있지만 그렇지 못한 흑인들은 엉뚱하게도 백인증후군으로 고통당하고 있어서 특별히 점프력이 약하다고 평가받는다.

가능한 발생학적 차이나 생리학적 차이에 대한 진지한 탐구들조차도 과학적으로 그리고 정치적으로 이견의 여지가 많다. 그들이 과학적으로 이견의 여지가 많은 이유는 생물학적 차이가 운동능력에서의 차이를 설명해준다는 주장을 지지하거나 거부하는 증거가 폭넓게 수용되어질 만큼 충분하지가 않기 때문이다. 심지어는 객관적으로 묘사될 수 있는 인종적 특성들이 있을까 없을까라는 물음 자체도 이견의 여지가 있다. 예를 들면 유럽북쪽의 스웨덴에서 아프리카 남단의 줄루족에 이르기까지 피부색이나 두상(頭狀)에 있어서의 차이는 단지 일련의 스펙트럼처럼 배열되어 있어서 인종간의 '객관적인' 차이를 위한 증거들은 5피트 크기의 사람들과 7피트 크기의 사람들의 차이를 드러내는 것만큼도 되지 않는다. 전자의 차이 나열이 정치적인 의미로 각색되었다면 후자는 그렇지 않다.[15]

15) 나는 몇 년 전에 유행한 적이 있는 '소인(小人)'을 멸시하는 경향을 고

그러나 이러한 과학적인 탐구들은 또한 정치적으로도 이견의 여지가 많다. 우리는 흑인들이 '자연적으로 열등하다'는 주장이 인종차별주의와 사회 및 경제적 성공으로 가는 관습적 탄탄대로로부터 흑인들의 체계적인 배제를 위한 이데올로기적 토대의 부분으로 이용되어 왔다는 점을 과거의 씁쓸한 경험으로부터 알게 되었다. 이제 역설적이게도 운동선수로서 흑인들의 자연적 우수성에 관한 정반대의 가설들이 환영받고 있다. 고요한 인종차별주의자 사회의 맥락에서 많은 이들은 종족간의 자연적 차이에 관한 주장들이 비록 표면적으로는 흑인들의 우수성을 지적하고 있지만 그럼에도 불구하고 인종차별주의의 이데올로기를 강화시키는 역할을 하게 된다고 걱정하고 있다. 이러한 걱정이 정당하다는 몇몇 증거들이 이미 존재한다. 앞의 논의에서 이미 언급하였듯이 흑인들은 '타고난' 운동선수라는 주장은 아이로니컬하게도 그들이 과시할 필요가 없으며 그런고로 백인선수들이 종종 칭찬을 받는 규율, 준법성, 성실한 노력 등을 이유로 칭찬받을 필요도 없다는 함축적이거나 명시적인 증거가 되어 그들에게 적대적으로 되돌아온다.

인종차별주의에 봉사하는 흑인의 운동선수로서의 우수성에 대한 이와 같은 아이로니컬한 전환의 또 다른 버전은 잘 알려져 있는 정신

발한 유행가를 기억하고 있다. 그 어느 누구도 이 노래를 진지하게 받아들이지 않았지만 이 노래를 통해 소인이 경제적, 사회적 측면에서 체계적으로 차별대우 받는 사회를 상상할 수 있을 것이다. 이러한 사회에서는 소인이 자연적으로 열등하다는 점을 이데올로기적으로 정당화하는 설명이 만연하고 있을 것이다. 이러한 설명논리와 현재 우리 사회에 만연하고 있는 인종차별을 정당화하고 있는 설명논리 간에는 어떤 차이가 있을까?

과 신체의 이원론 위에서 작동하고 있다. 그렇다. 그 주장은 계속된다. 흑인들은 본성적으로 우수한 경기자이다. 그러나 이로부터 유래되는 추론은 그들이 그런고로 아마도 지적으로 열등하다는 것이다. 반면에 자연적으로 열등한 조건을 극복한 것으로 추측되는 백인선수들은 그렇게 함으로서 스마트한 선수 또는 게임을 잘 아는 선수 또는 성실한 선수로 평가된다. 이러한 추론은 흑인선수가 백인선수와 동일한 성적을 올렸을 때 그것은 그들의 지성의 힘에 의해서가 아니라 그들의 '타고난 능력'의 힘에 의해서 이루어진 것이라는 결론을 너무도 쉽게 이끌어낸다. 그러나 우스꽝스러운 그 결론, 그것은 이러한 암시에 민감한 흑인선수들이 표면적으로는 칭찬으로 의도되어진 그들의 '자연적' 능력의 특징화를 거부하는 방향으로 움직이도록 만든다.

이러한 상황은 이러한 논제에 관심이 있는 현재 활동 중인 과학자들을 어렵고도, 미묘하지만 선례가 없는 입장에 처하게 만든다. 다른 한편으로 그들 중 어느 누구도 희망컨대 그들의 연구결과가 인종차별주의에 봉사하는 데 이용되는 것을 원하지 않는다. 다른 한편으로 그들은 이러한 결론을 보류해야하거나 심지어는 그 결과가 논쟁의 여지가 많거나 정치적으로 '위험해'질 수도 있는 토대 위에서 이러한 논제를 탐구하는 것을 자제해야만 할까? '진리가 너희를 자유롭게 하리라'는 계몽에 대한 신념이나 탐구의 자유에 깊이 공감하는 대부분의 연구자들은 학문적 자유와 과학 그 자체에 대한 무서운 위협으로서 후자의 방향에 저항한다. 그럼에도 불구하고 선한 과학자는 그 결과가 당치도 않게 이용될 수도 있는 연구에 종사하게 될 것이라는 이해할 수 있는 두려움과 고통을 갖게 될 것이다.

흑인들의 통계적으로 어마어마한 경기적인 성공의 탐구에서 우리는 지적으로 매력 있으며, 잠재적으로 우리의 인간이해에 중요한, 그러나 아직 정치적으로 미묘하며 심지어는 위험하기조차 한 논제를 갖게 되었다. 앞으로 이 논제와 관련하여 어떤 일이 일어날지 지켜보는 것도 흥미로운 일이다.

스포츠에서의 성차별

우리가 관심을 성차별주의로 돌릴 때 여기서도 우리가 스포츠에서의 인종차별문제에서 본 것과 유사한 논쟁이 존재하고 있음을 알게 된다. 수년, 심지어는 수세기 동안 여성은 스포츠에서 차별대우를 받아왔다. 즉 여성은 여성이라는 이유에서 스포츠에의 완전한 참가를 체계적으로 제한받아 왔다. 우리는 이러한 주장에 대한 증거를 비교적 적은 스포츠참여 여성의 수에서부터 규모가 크지 않은 여성스포츠에 투자되는 예산규모, 남성에 비해 그 빈도가 매우 낮은 잡지표지를 장식하는 여성운동선수들, 심지어는 소년과는 다른 방식으로 소녀를 독려하는 태도 등에서 분명하게 확인할 수 있다. 보다 논쟁의 여지가 있는 것은 다시금 이러한 현상에 대한 설명이다. 그것은 사회에서 이루어지고 있는 성차별의 직접적인 결과일까? 아니면 그것 역시도 단순히 사회가 보다 바람직한 방향으로 발전하게 되면 극복될 수 있는 사회적 현상일까? 그렇지 않다면 여성들이 스포츠에의 완전한 참가로부터 배척당할 수밖에 없는 그 어떤 이유나 정당한 근거가 있는 것일까?

이 경우에서도 역시 이 현상에 대한 다수의 설명이 다소간의 동의를 얻고 있다. 한 관점은 여성이 지적인 면에서는 남성과 동등하지만 육체적인 면에서는 명백하게 남성보다 약하고 작기 때문에 운동선수로서도 남성과 비교할 때 열등한 것이 당연하다고 주장한다. 덩치의 크기, 지방과 근육의 비율, 심지어는 근육과 골격의 구조에 있어서 남녀 간에 명백한 통계적 차이가 나타나며, 이러한 차이는 운동경기에 요구되는 신체적 능력에 그대로 반영되기 때문에 남성과 여성의 운동기량을 비교하는 것은 의미가 없고 시도조차도 하지 말아야 한다. 이 논변은 이런 논조로 논의를 진행해 나간다.[16)]

여기에 추가해서 두 번째 논변이 출현한다. 이 논변은 청소년기에 스포츠참여로부터 습득되는 것으로 추정되는 가치들을 토대로 논의를 전개한다. 즉 이 논변은 규율, 경쟁심, 용기, 그리고 '사내다움' 과 같은 그런 가치들은 남성 청소년들이 체득해야만할 가장 이상적인 덕목이기 때문에 그들에게 스포츠참여는 가치 있는 활동으로 여겨지지만 그러한 가치들은 그들과는 다른 본성을 지닌 여성 청소년들에게는 불필요하며 어떤 면에서는 오히려 여성적인 본성에 손상을 줄 수도 있기 때문에 여성의 스포츠참여는 바람직하지 않다고 주장한다. 놀랍게도 이러한 논변과 정확하게 일치하는 실례(實例)가 코넥티컷(Connecticut)주에서 나타난 바 있다. 운동기량이 월등하게 뛰어난 나머지 다른 여고선수들과는 기록 면에서 비교가 되지 않았던 한 여고 육상선수가 있었다. 그녀는 자신에 필적할 만한 상대를 찾아 나섰으며 결국 남자고등학교 육상팀에 소속된 선수들과 경쟁하기를 원했다. 그러나 그녀는 자신의 바람을 이룰 수 없었다. 남고팀으로부터 거절당했기 때문이다. 결국 그 소녀선수는 이 문제로 법정에까지 가게 되

16) 이 점을 흑인운동선수들이 경기능력 면에서 우수하다고 강변하고 있는 앞의 논변들과 대비해 보면 놀라움을 금할 수가 없다. 이 논변들은 흑인들이 경기능력 면에서 우수하지만 지적인 면에서는 열등하다는 점을 함축하고 있다. 여성 또한 지적인 면에서 남성들과 동등하지만 경기능력 면에서는 열등하다고 말하고 있다. 이와 같은 변증법적인 게임에서 승자는 항상 백인 남성이 되는 것 같다.

었다. 그러나 담당판사 역시 다음과 같이 그녀의 생각이 잘못되었다고 판결했다. "운동경기의 경쟁은 우리 소년들의 성격형성에 매우 중요하다. 그러나 그런 성격은 소녀들에게는 불필요하다."[17)]

오늘날 그러한 주장을 듣는다면 대부분의 사람들은 당연하게 조롱섞인 미소를 짓거나 분개하는 반응을 보일 것이다. 그럼에도 불구하고 우리는 이러한 주장이 있었다는 사실을 결코 망각해서는 안 된다. 또한 이러한 주장 속에는 보다 원리적이고 중요하며 결국에는 운동경기에 여성의 완전한 참여를 방해하도록 작용하는 주장, 즉 남녀 간에는 신체적 차이뿐만 아니라 지적, 도덕적 또는 영혼적인 차이가 있다는 주장이 숨겨져 있다. 즉 여성과 남성은 신체적으로 그리고 정신적으로 다르다는 주장, 그리고 이러한 차별화논리는 운동경기의 경쟁상황에 그대로 적용되어 동일한 차별을 만들어내는 것이다. 이것이 바로 판사의 논변이 근거하고 있는 논리인 것이다.

폴 바이스(Paul Weiss)는 비록 위의 논의와는 다소 다른 방식이지만 여전히 남성과 여성의 본성 간에 차이가 있다는 가정에 근거하여 스포츠에서의 성차별을 당연시하고 있다. 그는 스포츠철학의 초석을 다진 저술로 평가받고 있는 저서 『스포츠의 철학적 탐구(Sport : A Philosophic Inquire』(1969)에서 스포츠가 이룩한 업적 한 가지를 소개하고 있는 데, 그에 따르면 스포츠는 대부분의 남성이 분리된 것으로 경험하는 정신과 신체를 통합적인 것으로 경험하게 만들어준다는 것이다.[18)] 즉 스포츠는 신체 및 정신 활동 모두를 요구하기 때문에, 그리고 사람들은 스포츠수행 시에 자신의 존재를 모두, 즉 정신적인 것

17) Sports Illustrated, May 28, 1973, p.95.

18) Weiss, Paul, op. cit., Chapter 13.

과 신체적인 것을 총체적으로 쏟아 넣기 때문에, 그것은 남성에게 전형적인 경험이라고 할 수 있는 정신과 신체의 분리의식을 극복할 수 있는 몇 가지 안 되는 기회를 제공해 준다는 것이다. 그러나 바이스는 오직 남성들만이 이러한 심신분리를 경험한다고 주장한다. 반면에 여성은 출산과 월경주기 덕분에 훨씬 더 감성적인 본성을 지니고 있는 것으로 추정하고 있으며, 그런 이유에서 정신과 신체간의 분리를 경험하지 않고서도 그들의 몸을 훨씬 자연스럽게 대하게 된다. 따라서 여성은 구태여 스포츠를 통해서 신체와 정신의 분리를 극복할 필요가 없다는 것이다. 이러한 이유에서 스포츠는 남성들에게 더 매력적이고 가치 있는 활동이 되지만 여성들에게는 불필요한 활동이 된다는 것이다. 왜냐하면 그것은 남성들은 그로인해 고통 받지만 여성들은 단지 그렇지만은 않는 정신과 신체의 분리라는 문제에 답변을 주기 때문이다.

주지하다시피 이러한 논변은 그것이 신체적인 것이든 정신적인 것이듯 또는 윤리적인 것이든 간에 여성과 남성의 본성은 다르다는 주장에 근거하고 있다. 이러한 주장은 여성이 스포츠에서 남성에 필적할 업적을 달성하지 못하고 있는 이유 또는 남성에 비해 스포츠에 대한 관심이 더 적은 이유에 대한 설명의 근거가 될 수 있으며, 나아가 스포츠에서 자행되고 있는 여성 배척을 정당화하는 논리적 근거가 될 수 있다.

그러나 최근 들어 이러한 논변들은 경험적으로뿐만 아니라 철학적으로 강력한 공격을 받았다. 이러한 논변을 반증하는 경험적 증거들은 도처에 널려있다. 스포츠에 참여하고 있는 여성의 수가 급속하게 증가하고 있는 현실이나 그네들이 스포츠로부터 얻는 명백한 만족의 표현이 여기에 해당된다. 그러나 이에 대한 가장 중요한 증거는 최근 들어 매우 빠른 속도로 갱신되고 있는 여성운동선수의 스포츠적 성취일 것이다. 테니스코트, 소프트볼경기장, 조깅트랙, 스포츠센터 등에 여성참가자들이 넘쳐나고 있으며, 그녀들이 선택한 스포츠종목 역시 남성들이 하고 있는 스포츠종목들과 크게 다르지 않게 되었다. 남녀에게 동일한 참여기회가 주어지면서 스포츠에서 얻는 의미와 만족감, 스포츠에 몰입정도 등에서 여성참여자들과 남성참여자들 간에 뚜렷한 차이가 사라지고 있다. 그동안 남성에 비해 다소 저조하게 나타났던 여성의 운동경기 기록 역시 남녀 간의 본래적인 신체적 차이에 기인한 것이라기보다는 오히려 능력을 개발하고 훈련할 수 있는 적절한 기회를 박탈당했기 때문에 나타난 결과라는 점이 분명해지고 있다. 이제 여성들도 훈련하고 배울 수 있는 기회를 많이 갖게 되었으며 그로 인해 여성의 성취수준도 빠른 속도로 향상되고 있다.

예를 들어, 몇 해 전에 이미 올림픽경기 수영종목의 여성기록은 남성기록을 능가하기에 충분하였다는 사실은 지금까지 자주 언급되는 내용 가운데 하나이다. 여성농구선수들 역시 이제 근력을 충분하게 단련한 결과 그들 중 몇몇은 덩크슛까지 할 수 있게 되었다. 또한 가까운 미래에 여성의 생리에 특히 적합한 울트라마라톤과 같은 몇몇 스포츠종목에서 여성의 기록은 남성의 기록을 능가하게 될 것이라는 예측까지 나오고 있다. 지금까지 언급한 이 모든 내용은 '오랜 세월 동안 여성은 스포츠 활동에 본성적으로 적합한 존재가 아니라는 이유에서 기록갱신과 능력개발에 요구되는 훈련 및 교육기회로부터 체계적으로 배척당했다'는 나의 주장을 입증해주고 있다.

마찬가지로 다수의 철학적 논변들 역시 과거 스포츠에서의 성차별을 정당화하기 위해 제시된 논리적 근거들에 많은 의문을 제기하고 있다. 먼저 오늘날 일반화된 경기스포츠에 대하여 말해보도록 하자.

대부분의 경기스포츠는 남성의 근력, 체형, 힘, 속도, 덩치 등을 과시하기 위하여 남성에 의해 개발되고 디자인되었다. 만일 대부분의 스포츠가 이렇듯 남성 편중적으로 형성된 것이라면 여성의 신체조건에 적합하게 개발된 것이 아닌 스포츠에서 여성의 기량이 남성만큼 뛰어나지 못한 것은 결코 놀라운 일이 아니다. 예컨대 베씨 포스토우(Betsy Postow)같은 몇몇 사상가는 대부분의 스포츠에는 이와 같은 구조적 편중(남성에게 적합하게 구성되어 있음을 의미)이 일상화되어 있기 때문에 그들이 남성과 비교해서 열등하게 보일 수밖에 없는 그러한 다양한 활동(스포츠종목들)에 적극적으로 참여하는 것은 (여성들에게) 그다지 현명한 일이 아니라고 주장한 바 있다.[19] 예컨대 키, 속도, 힘과 같이 전적으로 남성에 의해 과시되어지는 다양한 특질을 강조하기 위해 상업적으로 개발된 농구 같은 스포츠를 왜 여성이 수행해야만 하는가? 대신에 여성들은 체조의 평균대나 다이빙 또는 울트라마라톤 같이 여성의 생리적 특성에 적합하도록 특별하게 디자인된 스포츠종목에 집중적으로 관심을 기울여야만 할 것이다. 더욱이 대부분의 스포츠종목들은 여성을 위해 고안된 것이 아니며 전적으로 남성들에 의해 고안되었고, 지배되고 있기 때문에 여성들은 자신들에게 적합한 스포츠종목들이 개발되도록 그리고 그것을 개발하는 데 그네들이 능동적인 역할을 담당하도록 요구해야만 한다.

이러한 논변은 때때로 여성들이 단순히 그들의 남성 상대만큼 크거나 빠르지 않다는 이유 때문에 농구경기를 수행하고 이를 통해 즐

19) Postow, Betsy, "Women and Masculine Sports," Journal of Philosophy of Sport, Vol. VII, 1980, p.51~58. 또한 Morgan and Meier, op. cit., pp.359~365에도 포함되어 있음.

거움을 얻게 될 기회를 스스로 포기해야만 하는가라는 의문을 불러 일으킬 수 있다. 위에서 주장되고 있는 성적인 차이는 아마도 공정성의 이름으로 남녀경기를 분리 개최하는 것을 정당화하는 근거가 될 수는 있겠지만 여성을 배척하는 근거로는 설득력이 약하다. 더욱이 관중의 입장에서 볼 때 잘 매치된 여성팀간의 경기는 남성팀들 간의 경기만큼이나 흥미로울 수 있다. 테니스와 같은 몇몇 스포츠종목에서는 강한 서브가 더 이상 경기의 승패를 좌우하는 결정적인 요인이 될 수 없게 된 이후로 여성간의 대결은 매우 흥미진진한 장면을 연출해 왔다. 요점을 말하자면 스포츠에서 여성을 차별하는 편중현상이 이미 스포츠의 구조에 붙박혀(buil-in)있으며 이를 해소하기 위해서는 분명히 무엇인가를 해야만 하고, 할 수 있다는 점이다.

두 번째 논변은 이리스 마리온 영(Iris Marion Young)이란 철학자에 의해 부각되었다. 그는 스포츠에서 여성배척의 부당성을 직접적으로 공격하고 있다.[20] 영(Young)은 '신체－주체'와 '신체－객체'로서 자신 또는 타인 경험을 구별하는 것에서 시작한다. 신체－주체로서 자신을 경험한다는 것은 자신을 활동, 에너지, 그리고 힘의 근원으로 경험하는 것이다. 신체－객체로서 자신과 타인을 경험한다는 것은 사람을 사물로서, 수동적인 것으로서, 보여지는 어떤 것으로서, 핵심적으로 말하면 '타자'로서 경험하는 것이다. 이러한 구별의 정당성을 논증한 다음에 영(Young)은 다음과 같은 몇 가지 주장을 그럴듯하게 전개해 나갔다. 첫째, 스포츠는 전형적인 신체－주체의 영역이다.

> 신체와 능동적 주체성의 아이덴티티는 스포츠에서 그 패러다임에 도

20) Young, Iris Marion, "The Exclusion of Women From Sport," in Morgan and Meier, op. cit. pp.335～341. 원본은 Philosophy in Context, Vol. 9, 1979, pp.44～53.

> 달한다. 운동선수의 자세, 근육, 운동, 지향성은 직접적으로 그녀 혹은 그의 의도와 기획을 드러내준다. … 스포츠는 단순히 그들이 성취할 수 있는 것을 결정할 목적으로 신체의 능력과 기술을 소집한다. 이때 그것의 본성에 의해 스포츠는 본질적인 신체-주체를 드러내준다.[21)]

그러나 영(Young)은 두 번째 주장에서 남성에 의해 지배되고 있는 우리 문화가 에너지, 활동, 힘의 원천인 신체주체를 남성의 영역과 동일시하고 있으며, 이와는 반대로 여성적인 것의 본질은 보여지는 실체이자 수동적이고, 타자적인 신체 객체와 동일시되고 있다고 말한다. 내 생각에 이와 같은 영의 주장은 매우 설득력이 있다. 우리는 우리의 소년들이 운동장에서 능동적이고, 생동적이며, 자신을 주장하도록 배우고 있는 반면에, 소녀들은 집안에서 '치장하거나', '예뻐지려고 노력하는' 태도를 학습하고 있다는 사실을 일상적 경험을 통해 잘 알고 있다. 한 번은 내 수업에 참여하고 있는 학생들과 이 주제를 놓고 토론을 벌인 일이 있었는데 그 때 내가 발견한 사실은 대부분의 남학생들은, 비록 그것을 듣고 농담하며 즐거워했지만, 자신이 '성적 대상'으로 취급받는다는 것의 의미를 진정으로 이해하지 못하고 있었다. 그 이유는 그들이 그런 취급을 받은 경험이 한 번도 없었기 때문이다. 그러나 여학생들에게 그러한 경험은 너무도 친숙한 것이었다.

스포츠는 신체주체적 특성을 지니고 있고 우리 문화는 남성과 신체주체성을, 여성과 신체객체를 결부시키고 있기 때문에 여성은 스포츠로부터 '실존적으로' 뿐만 아니라 개념적으로도 배척당하고 있다는 영의 세 번째 주장은 매우 그럴듯하게 들린다. 즉 우리가 소위 여성이라고 규정하고 있는 바로 그 개념 속에서 우리는 본질적으로 여성

---

21) Ibid, p.336.

을 스포츠의 영역으로부터 배척하고 있는 것이다. 이것은 또한 본질적인 인간성의 영역으로부터 여성을 배척하는 것이기도 하다. 영이 지적하였듯이 이것은 여성과 스포츠 양자 모두에게 바람직하지 않은데, 스포츠에 바람직하지 않은 이유는 스포츠 그 자체도 풍요로운 결실을 맺을 수 있는 여성의 잠재적 기여로부터 배제되기 때문이다.

영(Young)의 논변은 매우 설득력이 있다. 스포츠는 실로 우리가 우리 자신을 에너지와 힘, 창의적 및 자기 창조적 활동의 근원으로 경험할 수 있는 매우 소중한 영역 가운데 하나이다. 그런 의미에서 스포츠는 청소년에게 특히 중요한 활동 영역이다. 이러한 가능성으로부터 여성을 배척한다는 것은 매우 소중하고 결정적인 발달의 가능성으로부터 그네들을 배척하는 것이다. 이러한 배척이 여성의 정체성 형성, 특히 영이 지적하였듯이 '성적 대상'[22]으로서 그네들의 자아정체성 형성에도 영향을 미치게 된다는 점은 너무나도 명백하다. 그리고 정의(正義)가 이러한 배척을 극복하도록 요청하는 것은 너무도 당연한 일이다.

세 번째 논변은 내가 '경쟁(Competition), 우정(Friendship), 그리고 인간 본성(Human Nature)'[23]이라고 제목을 붙인 논문에서 옹호한 것이다. 이 논변은 더 이상 남성과 여성간의 운동능력 차이에 관심을 기울이지 않는다. 이것은 명백하게 스포츠적인 것으로 천명된 다양한 가치들이 남성에게 뿐만 아니라 여성에게도 적합한 것은 아닌가라는 물음과 관련이 있다. 즉 앞에서 예로 제시했던 판사의 주장과는 반대

---

22) Ibid, p.337.

23) Hyland, Drew, "Competition, Friendship, and Human Nature," in Women, Philosophy, and Sport, edited by Betsy Postow. Metuchen, N.J., The Scarecrow Press, 1983, pp.162～176.

로, 스포츠는 소년들에게 뿐만 아니라 소녀들에게도 '좋은' 것이라는 점을 논의하는 것이 나의 의도이다.

먼저 비교적 논란거리가 적은 남녀 간에 자연적, 생리적 차이가 있다는 주장들과 (문화적으로 결정된 것과는 반대로) 자연적, 심리적, 지적, 또는 '정신적' 차이가 있다는 주장들을 구분할 필요가 있다. '소화관(plumbing)', 근육조직(musculature), 덩치의 크기와 힘 등과 같은 생리적인 측면에서 남녀 간에 차이가 존재한다는 점은 이미 많은 통계자료를 통해 밝혀졌기 때문에 논란이 비교적 적다. 예컨대 어떤 학자는 최소한 몸의 크기, 힘, 근육발달에 있어서의 남녀차이는 사회적 조건화의 결과라고 주장하기도 한다. 구체적으로 예를 들면 소년과 소녀가 어떻게 교육받아왔으며, 어떻게 격려되고 있는지 관찰해보면 '자연적으로 주어진' 발생학적 차이보다는 오히려 사회적으로 조건 지워진 차이가 크다는 것을 알 수 있다는 것이다. 그럼에도 불구하고 남녀 간에 최소한 어느 정도의 자연적, 발생학적 또는 생리학적 차이가 나타나고 있는 현실을 부인하는 학자들은 거의 없다.

만일 우리가 관심의 초점을 심리적, 지성적, 정신적 차이로 돌린다면 상황은 매우 복잡하고 불확실해진다. 모집단을 설정하고 표본을 추출하여 조사해보면 이러한 측면에서도 남녀 간에 차이가 나타남을 확실하게 알 수 있다. 예를 들면 남성은 매우 공격적인 성향을 보여주는 반면에 여성은 감정을 쉽게 표현하고, 더욱 점잖으며, 더욱 '직관적'이다. 이렇듯 어렵지 않게 감지할 수 있는 남녀 간의 성향 차이가 사회적 조건화의 결과인지 아니면 '자연적' 조건의 결과인지 규정하는 일은 결코 간단한 문제가 아니다. 여기서 자연적 조건이란 교육방식과는 독립적으로, 오직 발생학적으로 결정되는 차이를 의미한다. 이 문제는 중요한 논제인 동시에 논란의 여지가 많은 논제이기 하다.

그리고 지금까지 명료하게 답변되지 못한 논제이기도 하다.

이러한 차이의 본질이 무엇이든 간에 잊지 말아야할 점은 남성과 여성이 인간으로서 공유하고 있는 본성의 또 다른 차원이 있다는 사실이다. '인간의 본성'에 대한 물음은 수세기 동안 논의되어 온 주제이다. 인간의 본성은 무엇이며, 그것은 '영속적인' 속성을 지니는지, 아니면 그 자체도 역사적으로 조건화된 것인지 라는 물음은 또 다시 매우 난해하고도 중요한 논제에 속한다. 스포츠참여의 문제와 관련하여 우리가 이해할 필요가 있는 것은 남성과 여성이 인간으로서 함께 공유하기를 바라는 몇 가지 신체 및 정신적 특성 내지는 덕목이 존재한다는 사실이다.

내가 이러한 구분을 부각시킨 이유는 앞서 제기한 의문에 대한 해답을 제시하기 위해서가 아니라 나 스스로가 대답할 수 있는 또 다른 물음을 제기하기 위함이다. 남성과 여성간의 차이가 무엇이든 간에 그리고 그러한 차이가 생겨난 원인이 무엇이든 간에 그러한 차이가 만일 스포츠로부터 옮겨져 온 것으로 가정된 가치가 될 때 차별이 만들어지는 것은 아닐까? 스포츠종목들이 고취시켜준다고 주장되고 있는 이러한 특성들이 신체적인 가치와 정신적인 가치를 모두 포함하고 있음을 주지할 필요가 있다. 스포츠종목들은 강한 신체와 좋은 건강, 민첩성을 발달시켜 줄뿐만 아니라, 자신감, 자기규율, 팀워크, 경쟁심, 공정한 경기의 정신을 길러준다고 주장되고 있다.

남녀 간의 차이가 무엇이든 간에, 즉 그것이 생리적인 것이든 혹은 논쟁의 여지가 많은 정신적인 것이든 간에 의문스러운 점은 이러한 차이가 스포츠로부터 옮겨져 온 다양한 가치들의 적합성에 어떤 영향을 끼치고 있는가하는 것이다. 만일 남성과 여성을 차별하는 기능을 하는, 스포츠참여로부터 옮겨져 온 가치들이 있다면 그러한 가치들과 스포츠종목들은 남성에게 적합하고 여성에게 부적합하거나 부적절할 것이라는 재판관의 판단은 어느 정도 정당하다고 할 수 있다. 이것이 바로 그 재판관이 주장한 바이며 동시에 방식 면에서는 매우 다르지만 폴 바이스가 주장한 바이기도 하다. 다른 한편으로 만일 스포츠에서 유효한 가치들이 남녀 간의 본성을 차별하는 기능이 아니라 남성과 여성이 인간으로서 공유해야할 특성을 드러내 주는 기능을 한다면, 그것들은 남성에게 뿐만 아니라 여성에게도 중요한 것이며, 여성들로부터 이러한 가치를 공유하고 즐길 수 있는 기회를 박탈하는 것은 명백하게 옳지 못하다는 결론에 도달하게 된다.

이상에서 나는 스포츠가 남성에게 뿐만 아니라 여성에게도 적합한 활동인가 아닌가라는 물음에 대해 제시될 수 있는 가능한 반응을 모두 정리해 보았다. 우리는 스포츠에서 유용한 것으로 추정되는 가치들에 주목할 필요가 있으며, 이러한 가치들이 (차이가 차별을 만들어 내는 경우) 성적으로 차별받고 있는 우리의 본성적 측면들과 관계가 있는지 생각해 보아야만 한다. 또는 그것들이 우리가 스포츠를 '남성적으로' 좋은 것이라기보다는 차라리 인간적으로 좋은 것으로 판단해야만 하는 경우에, 인간으로서 우리의 본성들과 관계가 있는 것일까?

스포츠에서 신체적으로 그리고 정신적으로 유용한 모든 가치들의 포괄적인 목록을 만들어야 한다고 주장하지는 않겠다. 그러한 목록을 만드는 것이 나의 주장을 신뢰성 있게 만드는 데 필요한 일은 아니다. 또 다시 나의 논변을 언급하자면 스포츠참여가 가져다주는 대부분의 가치들은 남성 또는 여성으로서 보다는 차라리 인간으로서 우리의 본성에 적합한 가치들이다.

먼저 신체적인 가치에서부터 시작해보자. 스포츠는, 비록 몇몇 회의론자들이 주장하듯이 너무 무리하게 수행할 경우 또는 강도 깊게 몰입할 경우 상해나 과로를 야기하여 수행자의 신체적 건강을 증진시키기 보다는 오히려 파괴시킬 우려가 있지만, 분명히 건강, 힘, 기민성을 향상시켜준다.[24] 일반적으로 나타나는 남녀 간의 신체적 차이 때문에, 예컨대 여성들이 남성만큼 강하지 못하기 때문에 강해질 수 있는 만큼 강해지거나, 할 수 있는 만큼 기민해지거나, 할 수 있는 만큼 건강해져서는 안 되는가? 확실히 여성들은 그렇게 할 수 있어야만 한다. 만일 스포츠가 이러한 장점들을 강화시켜준다면 명백하게 스포츠는 남성들에게 뿐만 아니라 여성들에게도 가치 있는 활동이라고 할 수 있다.

내가 정신적인 가치로 명명한 것들에 대해서도 유사한 방식으로 이 논변을 적용시킬 수 있다. 앞서 언급한 바 있는 자신감, 자기규율, 팀워크, 경쟁심, 공정한 경기의 정신을 생각해 보자. 스포츠참여는 여성들에게 어느 정도는 부적합하다고 주장하기 위해서는 먼저 이러한 가치들이 여성들에게 어느 정도는 부적합하거나 부적절하다고 주장할 필요가 있다. 여성들에게는 이러한 특질이 불필요하다거나 그러한 특질을 습득하게 됨으로 하여 남성들만큼 많은 이득을 얻지 못한다고 주장하는 남성들이 많이 있다는 점을 부인하지는 않겠다.

아마도 여기서 가장 흥미로운 논제는 경쟁심에 대한 물음일 것이다. 먼저 경쟁심의 고취가 바람직한 것인가 아닌가에 대하여 의문이 생겨날 수 있다. 예컨대 우리는 마르크스주의자들의 스포츠비판이 정확하게 스포츠가 경쟁심이라는 개탄스러운 특성을 고취시킨다는 점

---

24) 나는 몇 년 전에 미국인 남성의 평균 예상연령이 70세임에 반해 NFL 미식축구선수들의 평균 예상연령은 53세 불과하다는 기사를 읽은 기억이 있다.

에 초점을 맞추고 있음을 보았다. 그러나 마르크스의 비판 그 어디에서도 경쟁심이 남성들에게 나쁘다거나 남성들 사이에서 극복되어져야만 한다는 내용을 찾아 볼 수 없다. 만일 경쟁이 나쁘다면 그것은 인간으로서 인간을 위해서 나쁜 것이다. 역의 경우도 마찬가지이다. 만일 경쟁심이 긍정적인 가치라면 그것은 단지 남성 또는 단지 여성만을 위해서 긍정적인 것이 아니라 인간을 위해서 긍정적인 것은 아닐까?

다른 한편으로 경쟁심은 공격성과 관련된다는 점에서 그리고 공격성은 일차적으로 남성적 특징이라는 점에서, 경쟁성과 경쟁적인 스포츠의 가치는 결국 남성 특수적이라고 주장할 수도 있다. 그러나 이러한 논변은 경쟁심이 남성들에게는 바람직하지만 여성들에게는 바람직하지 않은 특성이라는 관점에 의존하고 있다. 물론 여성들에게보다는 남성들에게 더욱 경쟁적인 성향을 관찰할 수 있지만(그렇다고 이러한 증거가 그 어떤 경우에도 결론적인 것은 아니다) 신체의 힘과 비슷한 방식으로 비록 여성들이 남성들보다 '본성적으로 덜 경쟁적이지만' 그럼에도 불구하고 스포츠참여와 같은 적절한 방식으로 경쟁심을 연마하는 일은 여성들에게도 여전히 가치 있는 것이 될 수 있다. 앞에서와 마찬가지로 여기서도 내가 주장하는 바는 경쟁적인 충동이 남성 또는 여성으로서 우리의 본성보다는 인간으로서 우리의 본성 가운데 어떤 부분으로부터 출현했을 것이라는 점이다.[25] 어쨌든 이러한 이유에서 나는 스포츠에서 나타나는 바람직한 가치들은 인간

25) Hyland, Drew, "Competition, Friendship, and Human Nature," in Women, Philosophy, and Sport, edited by Betsy Postow. Metuchen, N.J., The Scarecrow Press, 1983. 특히 pp.163~172를 볼 것.

의 그리고 인간을 위한 가치들이며, 그런 이유에서 모든 인간들에게 유용한 것이라는 결론을 내리고 싶다. 이런 의미에서 스포츠의 가치는 양성(androgynous)적이라고 할 수 있다.

영웅으로서 운동선수

이 장에서는 줄곧 스포츠와 사회에 초점을 맞추어 논의하였다. 이 주제와 관련하여 이제 마지막으로 스포츠영웅이라는 논제를 다루도록 하겠다. 만일 한 문화의 영웅이 그 문화의 세속적인 신이라면, 어떤 특질과 인성유형이 그를 그러한 영웅의 지위(here-status)로 끌어올렸는지 살펴봄으로서 그 문화에 관해서 많은 것을 배우게 될 것이다. 추측하건데 한 문화의 영웅은 그 문화에서 가장 필요하고, 가장 이상적이며, 가장 명예로운 성격과 인성의 장점을 보여주어야만 한다. 예를 한 가지 들어 보자. 영웅들이 대부분 전사(戰士)인 문화는 그 문화에서 필요한 것은 용기, 공격성 등과 같은 전사의 덕목이라는 점을 알려준다. 우리는 그러한 문화가 전쟁이 언제라도 발발할 가능성이 있는 정치적으로 매우 불안정한 상황에 처해있기 때문에 전사의 덕목을 항상 필요로 할 것이라는 점을 어렵지 않게 추측할 수 있다.

이런 점에서 자주 지적되고 있는, 뛰어난 운동선수를 영웅으로 격상시키는 미국인들의 경향은 많은 생가을 불러일으키며 나를 곤욕스럽게 만든다. 우리는 기술공학의 지배력이 점차 커져가고 있는 시대에 살고 있다. 기술공학시대의 특성 가운데 한 가지는 한 때 인간의 체력과 민첩성을 요구했던 활동들이 점점 더 기계에 의해 대치되고 있다는 점이다. 한 때 신체적인 강인함과 용기를 그 무엇보다도 절실하게 필요로 했던 전쟁에서조차 이제는 체력보다 기술공학적 지식이 더욱 많이 요구되고 있다. 일상생활에서 체력과 민첩성이 점점 더 불필요해져만 가는 문화에서 왜 우리는 점점 더 시대착오적이 되어가고 있는 체력과 민첩성 같은 덕목들을 체현하는 사람들(운동선수들)을 영웅으로 격상시키고 있는 것일까?

이 물음과 관련하여 한 논변은 우리가 숭배하고 있는 운동선수들의 덕목이 점점 더 실용적이지 않게 되어가고 있기 때문이라고 설명한다. 운동선수들은 우리로 하여금 '우리의 과거(the way we were)'를 상기시킨다는 것이다. 즉 그들은 체력, 민첩성, 기민성 등과 같이 한 때 일상적인 삶에서 우리 모두에게 이런 또는 저런 형식으로 요구되어졌지만 이제는 더 이상 필요하지도 과시할 필요도 없게 되어버린 특성들을 보여준다는 것이다. 따라서 운동선수의 영웅적인 위상은 과거에 대한 향수의 발로인 셈이다.

이러한 논변의 가장 부정적인 입장은 운동선수의 몸이 온실 속의 난초같이 되었다는 주장이다. 즉 그것은 우리로 하여금 경탄을 자아내게 하거나 우리의 눈을 휘둥그레지게 만들지만 근본적으로는 무의미함과 무익함을 기리고 있는, 화려하지만 실제로는 쓸모없는 볼거리일 뿐이다.[26] 이 보다 다소 긍정적인 입장은 우리가 운동선수의 행위에서 우리가 보존하기를 원하지만 상실할 위험이 있는 것을 인식하게 된다는 것이다. 따라서 일반적으로 스포츠의 매력은 우리의 신체적 민첩성이 퇴화의 위험에 처해있는 시대에 그러한 민첩성을 보존하는 방법을 찾고자하는 우리의 바람과 부분적으로 관련이 있다는

26) Lingus, Alphonso, "Orchids and Muscles," in Meier and Morgan, op. cit., pp.125～136. Lingus는 이러한 경향에 대한 그의 패러다임 케이스로서 body-building을 거론하였다. 그는 우리의 이전 정신활동의 대부분을 컴퓨터로 대체하고 있는 인공두뇌학적 혁명이 우리의 마음을 난초처럼 무용지물로 만든다고 냉정하게 결론짓고 있다.

것이다. 따라서 운동선수들은 기술공학적 문화로 인하여 점점 더 불필요하게 되어가고 있는 기능의 소유자임에도 불구하고 우리가 그렇게 닮아가기를 원하는 이상적 모범이 되는 것이다.

다른 한편으로 운동선수들의 매력 가운데 일부분은 그들의 신체적인 능력보다는 다른 특징과 더 관련이 있다. 만일 스포츠는 쓸모없음과는 거리가 멀며, 우리의 삶에서 가장 필요한 덕목들, 예컨대 자기규율, 팀워크 등과 같은 특질을 체현하며 고취시켜준다는 운동경기 옹호자들의 말이 사실이라면 운동선수들은 그들이 이러한 특질을 가장 현저하게 체현시켜준다는 점에서 우리에게 매력적으로 비춰질 것이다. 사람들은 사업가가 사무실에서 또는 의사가 병원에서 보여주는 것과는 명백하게 다른 방식으로 운동선수가 운동경기에서 보여주는 팀워크와 자기규율, 집중력 등을 본다. 이러한 논변에 근거하여 우리가 운동선수들을 숭배하는 이유는 단지 신체적인 면 때문만이 아니라 정신적인 면 때문이기도 하다는 주장이 가능하다.

더욱이 폴 바이스(Paul Weiss)가 관찰한 대로 운동경기는 우리의 청소년들이 그들이 영웅시하는 운동선수의 탁월한 업적을 모방하여 그들 자신도 그에 필적하는 업적을 달성하고 과시할 수 있는 최초의 경기장(arenas)이라고 할 수 있다. 젊은이들이 사업, 정치, 윤리 등의 분야에서 탁월한 업적을 이룰 수 있기 훨씬 전에 그들은 운동경기에서 탁월한 업적을 이룩할 수 있는 것이다.[27] 확실히 이것은 스포츠가 주는 매력의 부분이며, 그것의 현저한 실례라고 할 수 있는 영웅적인 운동선수가 주는 매력의 일부분인 셈이다.

그 이유를 무엇으로 설명하든지간에 이러한 우상숭배는 때때로 문

---

27) Wiess, Paul. op. cit., Chapter 1.

제를 발생시키기도 한다. 운동경기능력이 뛰어나서 만인의 존경을 받고 있고 그들의 행동은 모방할 가치가 있다고 여겨지는 위대한 운동선수조차도 때때로 윤리적, 도덕적 생활에서 실망스런 행동을 할 때가 있다. 베이브 루스(Babe Ruth)에서 웨이드 복스(Wade Boggs)에 이르기까지, 조 나메쓰(Joe Namath)에서 로렌스 테일러(Lawrence Taylor)에 이르기까지 가장 위대한 운동선수라고 할 수 있는 사람들조차 사생활에서는 우리가 젊은이들에게 금지하는 행위들을 서슴없이 하기도 한다. 그러나 자신이 수행하고 있는 운동경기종목의 영웅을 모방하는 젊은 운동선수의 열정은 여전히 자연스러운 것이다. 영웅적인 선수들의 사생활과 운동경기능력을 분리하는 일은 감수성이 강한 젊은이들에게 때로는 너무 어려운 요구일지도 모른다. 특히 영웅적인 선수들의 사생활이 흥미롭고 매력적으로 보일 때 더욱 그러하다. 다음 장에서 운동선수들의 약물사용문제를 다루면서 이 문제를 다시 언급하도록 하겠다.

운동영웅의 숭배가 야기 시킬 수 있는 문제의 본질을 특히 잘 드러내 주는 실례는 가난에 시달리는 젊은이들과 관련이 있다. 그들에게 재정적인 부의 축적을 동반하는 탁월한 프로선수의 성취는 그것의 모방이 (빈곤이라는) '게토(원래 2차 대전 당시 나치가 유태인을 가두어 두었던 특정 지역을 의미한다)로부터의 탈출구'가 될 수 있기 때문에 충분히 숭배할 가치가 있는 것으로 비춰질 수 있다. 그러나 프로스포츠의 영역에서 재정적인 성공을 거둔 선수는 극소수에 불과하기 때문에 엄청난 수의 빈곤한 청소년들이 이것을 보고 자신들도 그와 같은 스포츠적 성공을 거둘 수 있을 것이라고 희망하면서 과도하게 많은 시간과 에너지를 운동연습에 몰두하게 되면 결국 그들은 더 나은 직업을 얻기 위하여 요구되는 교육기회와 준비과정을 헛되

이 소모하게 될 위험에 처하게 되는 것이다.

조금 더 일반적으로 표현하자면, 사회에 그다지 도움이 되지 않은 가치가 내재된 활동을 수행하는 영웅적인 운동선수를 숭배한다는 것이 가끔은 애석할 때가 있다. 오히려 청소년들이 숭배해야만 할 대상은 운동선수가 아니라 진정으로 사회에 필요한 활동에 종사하고 있는 사람들, 예컨대 정치인이나 과학자 또는 사업가가 되어야만 하는 것은 아닐까?

어떤 사람들은 이러한 주장에 대해 꼭 그렇지만은 않다고 답변한다. 많은 문화권에서 그리고 우리 문화권에서도 그다지 오래되지 않은 과거에 문화적인 영웅은 대개 군인이었다. 군인은 부정적으로 표현하자면 훈련된 살인자이다. 파괴와 죽음의 전령사라고 할 수 있는 군인을 영웅이자 모방의 대상으로 삼는 것보다는 오히려 그 활동이 문화적으로 그다지 유용하지는 않은 것일지라도 운동선수를 영웅이자 모방의 대상으로 삼는 것이 더 바람직하다고 할 수 있다. 운동선수 영웅의 숭배는 아마도 이런 의미에서 보다 고차원적인 문화의 신호인 셈이다.

여하튼 만약 운동선수들이 최고의 실천적 가치를 지닌 활동을 수행하지 않았다면 그들은 어떻게 그렇게 오랜 세월 동안 탁월함의 전형으로서 전면에 세워질 수 있었을까? 혹시 우리는 실용적인 결과를 가져올 수 없는 활동에서는 더 이상 그 어떤 가치도 발견할 수 없다는 기능주의자적 혹은 실용주의자적 정서에 물들어있는 것은 아닐까? 다시 한 번 말하지만 운동선수를 영웅으로 보는 사람들의 태도가 우리에게 알려주는 덕목 가운데 하나는 누군가 또는 어떤 활동이 그 또는 그것의 실용적 유용성과는 무관하게 가치 있을 수 있고 숭배될 수 있음을 상기시켜준다는 점이다. 만일 그렇다면 우리는 운동선수를 영웅시하는 현상에 대하여 왈가불가할 필요가 없는 것은 아닐까?

이 장에서 우리는 스포츠와 사회의 관계를 성찰하면서 떠오른 몇 가지 논제들을 살펴보았다. 이미 보았듯이 이 양자의 관계를 살펴보는 과정에서 명백하게 드러난 사실은 사회에서 운동선수의 역할과 관련하여 다수의 윤리적인 의문들이 제기되고 있다는 점과 운동선수들이 견지해야만 할 윤리적인 기준들이 있다는 점이다. 다음 장에서 우리는 관심의 초점을 이와 같이 특히 문제가 많거나 교훈적인 윤리학적 논제들로 옮기도록 하겠다.

2 장

스포츠에서 윤리적 쟁점

앞 장에서 스포츠와 사회라는 주제를 다루면서 제기된 논제들의 다수가 인종차별주의나 성차별주의처럼 우리가 위기의 영역이라고 부르는 것들에 초점이 맞추어져 있었다. 이러한 위기들의 다수는 명백하게 윤리와 도덕성에 대한 의문을 직접적으로 야기 시킨다. 이번 장의 목적은 스포츠의 맥락 내에서 일어날 수 있는 여러 가지 중대한 윤리적 문제들을 중점적으로 논의하는 것이다. 이러한 논의를 통해서 윤리적인 문제들이 빈번하게 발생하고 있는 스포츠를 더 잘 통찰할 수 있게 될 것이다. 이 논의는 또한 현재 스포츠에서 대두되고 있는 몇 가지 윤리적인 문제들의 예를 소개하고, 그것들이 어떤 방식으로 부각되고 성찰되고 있는지 알 수 있게 해줄 것이다.

유년시절 뛰어난 축구선수이기도 했던 프랑스의 유명한 작가 알베르 카뮈(Albert Camus)는 한 때 "나는 윤리에 관한 모든 것을 스포츠로부터 배웠다"[1]라고 말한 바 있다. 제2차 세계대전 동안 프랑스 레지스탕스로 활동한 경력이 있는 카뮈의 말이 다소 과장된 것이라고 의심할 수도 있겠지만, 실제로 과장되었다고 할지라도 그것은 매우 중요한 과장이라고 할 수 있다. 우리들 대부분이 경험한 스포츠는 실제로 우리들의 윤리적 가치가 계속해서 드러나고, 검증받고, 학습되는 영역이다. 대부분의 스포츠종목들은 다양한 구조를 지니고 있어서 오직 신체적 능력만을 또는 오직 지성적 능력만을 요구하는 것이 아니라 전인(全人)의 강력한 관여를 요구한다. 이러한 몰두는 우승하는 것이 중요하기 때문에 상대방을 속이거나 의도적으로 상해를 입히거나 이기기 위해 무엇인가를 하려는 유혹 내지는 기회가 자주 생겨나는, 고도로 경쟁적인 상황과 맞물려서 쉽게 윤리적인 문제를 촉발시킬 수 있다. 상황이 이러하기 때문에 우리는 지성적이고 자기 의식적으로 우리의 윤리적인 입장을 확고하게 세워야만 할 필요가 있다. 카뮈는 윤리에 관해서 그가 알고 있는 모든 것을 스포츠에서 배웠다는 자신의 주장을 세밀하게 다루지는 않았다.

그는 자신이 스포츠로부터 모든 올바른 윤리적인 교훈들, 즉 스포츠 지지자들이 스포츠가 가르친다고 반복해서 주장하는 페어플레이나 팀워크, 스포츠맨십 등과 같은 교훈들을 배웠다는 점을 단순하게 주장했었을 수도 있다. 그러나 이것은 인간실존의 미묘하고도 문제가 많은 특성에 놀라울 정도로 민감한 작가였던 카뮈의 말이기 때문에 나는 그가 그 자신이 알아야만 했던 스포츠에서 유용한 특별한 윤리적인 가르침, 즉 고귀한 윤리적 교훈일 뿐만 아니라 통탄할 윤리적 교훈일 수도 있는 그런 윤리적 가르침에 대하여 언급한 것은 아니라고 생각한다. 대신에 그는 아마도 스포츠가 여러 가지 근본적인 윤리 문제들을 눈에 잘 띄게 부각시키고, 우리로 하여금 특정한 입장을 선

1) Camus, op. cit., p.242.

택하도록 하는 미묘하고도 복합적인 방식을 생각하고 있었으리라. 정말로 말보다 행동이 더욱 효과적이라면 많은 젊은이들은 스포츠에서 처음으로 강력한 윤리적인 맥락과 직면하게 될 것이며, 그것들을 수용하는 법과 자신의 윤리적 입장을 공개적으로 드러내는 법을 배우게 될 것이다. 물론 이와 같은 윤리학적 문제들이 특별히 스포츠에만 국한되어 파생되는 것은 아니며, 일상생활의 다른 영역에서도 자주 생겨나지만 그것들은 특히 스포츠 속에서 현저하게 가시화될 수 있다. 이 점을 이해하기 위하여 우리는 스포츠에서 야기되는 세 가지 윤리적 논제들을 고려해 볼 필요가 있다. 이 중에서 두 가지는 매우 일반적인 문제이며, 나머지 한 가지는 현재 특히 논란의 소지가 많은 문제이다. 첫째는 승리의 문제이고, 둘째는 경쟁과 소외의 문제이며, 마지막은 스포츠에서 수행향상약물의 문제이다.

승리지상주의

우리가 현금의 '승리에 대한 지나친 강조'를 깨닫기 위해서 많은 스포츠 논평을 읽을 필요는 없다. 이것은 오래전부터 국가적인 관심사였으며, 지금도 여전히 큰 문제로 남아있다. 우리는 지금도 여전히 인기를 끌고 있는 대부분의 스포츠는 매우 경쟁적인 것이며, 그런 의미에서 게임은 승자와 패자를 구분하는 것으로 종료되고, 승리에만 높은 평가가 부여된다는 점을 인식하는데서 논의를 시작해야만 할 것이다. 경쟁적인 스포츠와 승리의 강조는 명백하게 우리가 현재 소속되어있는 경쟁적인 자본주의사회 내에서 큰 매력을 얻고 있다. 이러한 사실을 확인할 수 있는 방법 가운데 한 가지는 승리가 크게 문제시되지 않는 스포츠는 인기를 얻기가 무척이나 어렵다는 점을 실례를 들어 설명하는 것이다. 평소 승리지상주의가 지배하는 스포츠와 매우 경쟁적인 사회분위기를 좋지 않게 생각하던, 자유로운 영혼을 지닌 사람들의 다수가 몇 년 전 승리 또는 패배가 없는 비경쟁 게임을 개발한 적이 있다. 소위 말해서 '새로운 게임들(new games)'이 그것이다. 이런 게임들의 대부분은 협동정신을 강조하고 있다. 예를 들어, 참가자 모두가 큰 풍선과 같은 공을 얼마나 오랫동안 공중에 띄우는가와 같은 게임이 그것이다. 또는 다수의 사람들이 원반을 앞 또는 뒤로 던지면서 즐거워하는 게임도 있었다. 좋건 나쁘건 대부분의 새로운 게임은 만들어지자마자 사라졌다. 원반던지기의 경우, 역설적이게도 '가장 멀리 원반던지기'라는 더욱 경쟁적인 스포츠로 바뀌었고, 이것은 전국의 대학캠퍼스에서 큰 인기를 얻었다. 이러한 이유에서 '승리의 문제'는 승리가 관건인 스포츠가 우리에게 매우 큰 매력을 준다는 사실의 인식에서부터 출발해야만 한다. 인간으로서 우리는 경쟁적인 스포츠를 폐지함으로서 승리와 관련된 문제를 종결지을 수 있는 능력을 지니고 있지 못하다. 우리의 관심사는 오히려 적절한 관점에서 승리를 유지하는 것이라고 할 수 있다.

그렇지만 더욱 정확히 말해서 승리의 문제란 도대체 무엇인가? 그것은 일반적으로 승리에 대한 지나친 강조로 특징 지워진다. 만일 승자와 패자가 결정되는 게임에 참가하여 승리하는 것이 관건이라면, 게임참가자들은 그러한 경쟁적인 상황이 주는 흥분감과 승부에 대한 지나친 집착으로 인해 규칙을 어기고, 상대방을 속이며, 자신이나 상대방에게 부상을 입히는 등 승리하기 위해 모든 수단을 동원할 것이다. 이러한 상황은 특히 게임에서의 승리가 단지 개인의 능력에 대한 자부심의 문제만이 아니라 재정적인 수입과도 밀접하게 관련 있을 때 더욱 악화된다. 이해하기 쉬운 예를 들자면, 프로스포츠선수들은 계속해서 선수로 일할 수 있기 위해서는 반드시 승리해야만 한다고 믿고 있다. 물론 이러한 믿음의 근거는 그렇게 명백하지는 않지만 뉴욕메츠구단(New York Mets)의 초창기가 이를 증명해주고 있다. 게다가 대학에서 조차도 대단히 많은 관람객들이 여러 대학 스포츠종목들에 매력을 느끼게 되면서 대학팀의 코치와 경영자들의 마음속에는 승리한 팀에게 주어지는 막대한 재정적 이득에 대한 관심이 싹트기 시작했다. 스포츠잡지를 읽거나 텔레비전의 스포츠뉴스를 보는 사람이라면 누구나 이러한 승리에 대한 과대 강조가 야기 시킬 수 있는 폐해를 인식하고 있다. 신인선수선발에 있어서의 위반, 선수들의 뒷거래, 학적을 유지하기 위해 자행되고 있는 학생운동선수들의 성적조작, 선수들의 수행향상약물복용에 대한 코치들의 묵인 또는 적극적인 권장 등과 같은 모든 문제들이 승리에 대한 지나친 강조와 직접적으로 관련이 있는 것 같다.

승리가 중요하다고 믿고 있거나 투지에 불타는 개별 선수들은 종종 어려운 윤리적인 선택에 직면하게 된다. 우리는 서로 다른 방식으로 나타나는, 그렇지만 그것의 미묘한 차이가 윤리학적으로는 매우 중요한, 승리에 대한 열망을 보거나 경험할 수 있다. 긍정적으로 생각할 때 승리에 대한 열망은 그 선수로 하여금 최선을 다하고, 가능한 한 많이 밀고 나가고, 전심전력을 다하도록 이끌어줄 수도 있다. 만일 그렇게 해서 성공을 한다면, 그 결과 자신의 상대선수는 패배할 것이라는 점을 깨닫게 될 것이다. 하지만 이것은 최선을 다하려고 시도한 결과 부수적인으로 나타난 현상일 뿐이다. 그러나 비평가들은 특히 일부 코치들의 전쟁과 같은 웅변술의 영향 하에서는 반드시 승리가 목적은 아니지만 누군가를 쳐부수려는 이러한 노력이 경쟁적 운동선수들의 실제 심리라고 말한다. 이런 관점에서 볼 때, 승리에 집착하는 운동선수들의 태도는 근본적으로 그들과 맞서 싸우고 있는 팀에게는 부정적이며 그들을 소외시키는 것이라고 할 수 있다.

승리하려는 우리들의 노력은 상대방을 쳐부수려는 욕망으로 변질된다. 그러한 욕망은, 예를 들면 고의로 상대를 속이거나 다치게 하는 것 또는 상대팀 선수를 동료가 아니라 적, 즉 그들의 인권을 존중하지 않고 무조건 패배시켜야만 하는 상대로 취급하는 것과 같이, 승리에 대한 지나친 강조로 인해 나타날 수 있는 가장 악질적인 폐해로 현실화될 수 있다는 것은 그리 놀라운 사실이 아니다. 그렇다면 승리에 대한 지나친 강조는 필연적으로 이와 같은 현상을 수반하는 것일까? 그렇지 않으면 그러한 강조는, 승리에 대한 열광적인 노력이 누군가를 쳐부수려는, 즉 운동경기적인 용어로 표현하자면 그들을 격퇴시키고, 그들을 굴복시키고, 우리의 적들을 말살하려는, 소외적이며 비윤리적인 욕망으로 변질되지 않고 표현될 수 있는 그런 방식으로 통제될 수 있는 것일까?

우리는 사회 전체에서뿐만 아니라 스포츠공동체 내에서도 승리만을 목적으로 하는 게임들을 폐지할 수 없을 것이라는 점을 이미 잘 알고 있다. 그러므로 이 문제에 대한 논의의 초점은 승리의 문제를 어떻게 적절한 관점에서 바라볼 수 있는가 하는 점이다. 스포츠에서 승리에 대한 과대강조를 주제로 삼고 있는 논의와 관련하여 실망한 것 중 하나는 그러한 논의가 양자택일이라는 그릇된 이분법을 통해 문제를 해결하려고 한다는 사실이다. 고집 센 현실주의자로 알려진 풋볼코치 고 빈스 롬바르디(Vince Lombardi)가 말한 "승리가 전부는 아니다. 그러나 그것은 유일한 것이다"라는 문구가 양자택일적 논의의 한 축을 차지하는 버전이다. 내가 예전에 워싱턴 레드스킨즈(Washington Redskins)의 라커룸에서 들었던 조지 알렌(George Allen) 코치의 다음과 같은 말도 여기에 속한다. "패배는 죽음보다도 나쁜 것이다. 왜냐하면, 당신은 패배와 함께 살아야하기 때문이다" 또 다른 극단에는 매우 자유분방한 사람들의 버전인 "이기고 지는 것이 아니라 어떻게 그 게임을 할 것인가?"라는 입장이 있다. 단지 승리가 중요한 것이 아니라는 이러한 입장은 경기에 참여하고 있는 선수들에게는 불합리하게 느껴질 것이다. 결국 우리는 많은 경기스포츠리그들이 견지하고 있는, 승리가 관심을 가져야 할 유일한 것이라는 견해와 승리는 결코 중요한 문제가 아니라는 대안적 견해 사이에 서있다.

내가 생각하기에 양자택일적 주장은 그것이 주장되자마자 곧바로 그 부적절성이 드러난다. 스포츠에 열정뿐만 아니라 정력과 시간도 많이 투자하지만 경기대회에는 참가하지 않는 운동선수들은 승리가 별 문제되지 않는다고 주장하는 웅변술에 쉽게 넘어갈 것이다. 하지만, 승리는 중요하다. 왜냐하면 승리는 모든 경쟁스포츠의 직접적인 목표이기 때문이다. 어떤 선수는 승리했을 때 흥분하고, 패배했을 때 낙심한다. 이러한 반응은 정당한 것이며 또한 자연스러운 것이다. 그러나 다른 한편으로 이러한 입장으로부터 승리가 스포츠의 유일한 목표 또는 가치라는 결론을 이끌어낼 수는 없는 노릇이다. 승리를 염두에 둔다는 것은 그것(승리)을 정당한 가치로 인정한다는 것을 의미할 수 있다. 그러나 그것은 유일한 것이 아니라 스포츠참여가 가져다줄 수 있는 다른 많은 가치들 가운데 하나일 뿐이다. 스포츠에서 다른 가치들, 예를 들면 좋은 건강상태, 팀워크와 스포츠맨십을 학습하게 되는 윤리교육, 우리가 습득하는 우정, 우리가 갖게 되는 즐거움 등을 똑같이 강조하는 것은 승리에 대한 지나친 강조가 야기 시킬 수 있는 폐해를 극복하는 데 중요한 첫 걸음이 될 것이다. 아마도 우리는 롬바르디의 진부한 표현을 "승리는 어떤 한 가지일 뿐이지 유일한 것은 아니다"라고 적절하게 고쳐 읽어야만 할 것이다.

승리를 지나치게 강조함으로써 발생할 수 있는 위험에 대한 관심이 대학간운동경기에서부터 고등학교와 클럽스포츠는 물론이고 어린이 리그(Little League)와 같은 어린이스포츠조직에 이르기까지, 여전히 아마추어이기를 주장하는 스포츠조직들에게 일차적으로 집중되고 있다는 사실에 주목할 필요가 있다. 사실상 승리에 최우선적 가치를 부여하고 있는 프로스포츠에는 이에 대해 부담을 크게 지우지 않고 있다. 로스 엔젤레스 레이커즈(L. A Lakers) 농구팀의 코치인 팻 릴리(Pat Riley)는 그의 선수들에게 "만일 너희들이 즐기기를 원한다면 YMCA로 가라"고 말하는 데, 이 말은 분명히 그 또는 그의 선수들이 농구경기에서 재미를 느끼는 데에는 관심이 없다는 것을 암시하고 있다. 그러나 프로 스포츠에서조차도 우승의 한계가 곧잘 지적되고 있다. 사람들은 릴리(Riley)같은 코치들이, 비록 스테로이드복용이 우승하는 데 도움이 될지라도, 그들의 선수들에게 그것을 복용하도록 권장하지 않기를 바란다. 추측컨대, 승리에 대한 관심과 부담은 여전히 아마추어스포츠에 더욱 많이 부과되고 있는 것이다.

그런데 문제의 한 부분은 프로스포츠를 모든 스포츠의 전형으로 삼는 우리들의 경향, 특히 젊은 운동선수들의 경향에 있다고 사료된다. 프로운동선수들은 대개 그들이 소속된 종목의 최고선수들이기 때문에 그들이 운동경기적 능력의 전형으로 취급받는 것은 어찌 보면 충분히 이해가 된다. 뿐만 아니라 그들의 행동이 기술적인 수준에서 뿐만 아니라 그것을 넘어서 운동경기에서 드러나는 태도에 이르기까지 젊은 선수들의 모방 대상이 되고 있는 것도 이해가 된다. 그러나 이것은 아마추어수준에서는 부적당하며, 경계되어야 할 사안이다. 그러나 이것은 프로스포츠와 아마추어스포츠 간의 경계가 점점 더 불분명해지고 있기 때문에 말처럼 행하기가 쉽지 않다. 가장 인기 있는 대학간경기스포츠의 경우를 예로 들어보자. 풋볼팀 또는 농구팀이 수만 달러 심어지 수백만 달러의 수입을 올렸을 때, 그로 인하여 그 팀의 코치가 그 대학에서 가장 많은 보수를 받는 사람이 되었을 때, 선수들이 교육을 위하여 대학에 다닌다기보다는 확실히 프로스포츠 팀에 입단하기 위한 준비과정으로 대학에 다닌다고 간주될 때, 어떤 경우에는 선수들에게 학위가 주어지고 심지어는 생활비까지 지급될 때, 이러한 이유에서 우리는 이와 같은 스포츠를 사실상 '아마추어' 스포츠라기보다는 오히려 '프로' 스포츠라고 말하는 것이 정확할 것이다.

적어도 몇몇 수준에서는 승리에 대한 지나친 강조가 여전히 문제시되고 있다는 점을 누구나 동의할 것이다. 스포츠에서 승리에 대한 지나친 강조를 완화시키기 위한 조처로서 스포츠의 다른 유용한 가치들과 목표들을 허용할 수 있게 하기 위해서는 어떤 실천적인 진전이 이루어져야할 것인가에 대해서 고민할 필요가 있다. 추측컨대 이 문제의 핵심에 놓여 있는 대학수준스포츠부터 논의해 보도록 하자. 그리고 먼저 승리에 대한 지나친 강조의 중심에 있는 존재로 종종 비난받고 있는 코치들의 위상을 거론해보도록 하자.

코치를 칭찬하고 싶을 때 우리는 종종 그를 '선생님(teacher)'이라고 부른다. 그가 스포츠에 중요한 운동기술을 가르쳐주기 때문에 그를 선생님이라고 부르는 것은 아니다. 우리가 코치를 선생님으로 부르는 이유는 아마도 그가 말하거나 지도하는 과정에서 인생을 살아가는 데 중요한 여러 가지 윤리적 가치들과 '생활태도(Lessons in Life)'를 전수해주기 때문일 것이다. 코치들은 우리에게 자기 수양, 팀워크, 스포츠맨십 등을 가르친다고 칭찬받는다. 그러나 불행하게도, 앞에서 이미 언급했듯이, 코치들은 이와는 매우 다른 어떤 것, 예컨대 권위주의, 잔인성, 이기기 위하여 속이려는 의지 등과 같은 것을 우리에게 가르친다고 비난받기도 한다.

이런 점에 대해서 나는 다음과 같이 신중하게 생각해 보았다. 만일 우리가 바람직한 가치들을 가르쳐주기 때문에 어떤 코치를 칭찬한다면, 그 코치 당사자는 선생님으로서 자신의 역할과 부름을 기꺼이 인정하려고 할 것이다. 그러나 만일 그가 잔인성과 속임수를 가르쳤다고 비난받는 존재라면, 추측컨대 그들은 그들이 가르친 것을 부인하거나 그것들은 절대 자신의 가르침이 아니라고 부인할 것이다. "나는 단지 내 일을 했고, 이기려고 노력했을 뿐이다"라고 코치들은 말한다, 코치는 '선생님'이라는 통칭이 얼마나 자주 공표되고 있는지는 모르겠지만 실재로는 이것이 너무 자주 잊혀진다고 코치들은 입을 모아 말한다. 현실을 얼마나 개선할 수 있을지는 모르겠지만 우리는 현실 속으로 그런 상투적인 문구를 더욱 심화시킬 수 있도록 노력해야만 한다. 우리는 코치들이 스스로를 스포츠 기술뿐만 아니라 윤리적인 가치를 전수해주는 선생님으로 생각하도록 여건을 조성해 주어야만 한다. 그리고 코치들이 경영자들과 동료들에 의해서 그렇게 인정받고 그렇게 대우받아야만 한다고 주장할 필요가 있다.

이 일과 관련하여 작은 진전이 여기저기에서 이루어지고 있다. 소위 'DivisionⅢ' 대학들(이 학교들은 스포츠프로그램과 교육목표의 맥락을 일치시키려고 진지하게 노력하고 있다)로 불리는 대학의 코칭스텝 구성원들은 교수요원으로서의 신분을 부여받고 있다. 이것은 코치들이 공식적으로 선생님으로 인정받는다는 점에서 작지만 중요한 상징이 되었다. 심지어 소위 최고 인기 있는 학교로 평가받고 있는 더욱 큰 대학들에서도 운동선수들의 졸업비율이 그 프로그램의 성공척도의 하나로서 간주되고 있다. '노르트담(Noter Dame), 듀크(Duke), 펜실베이니아 주립(Penn State), 빌라노바(Villanova), 조지타운(Gerogetown)'

과 같은 대학들은 그들의 운동선수들이 합법적인 교육을 받을 수 있도록 하였으며, 점차적으로 그와 같은 노력의 성공을 인정받고 있다. 이러한 노력이 더욱 많이 기울여져야만 할 것이다.

대학경영자들이 코치들에게 지나치게 압력을 행사하는 관행이 사라질 때까지, 그리고 승리를 코치의 보상 또는 해고의 유일한 기준으로 삼고 있는 관행이 없어질 때까지, 코치들이 승리를 위해서 그들의 선수들에게 지나치게 압력을 가하는 것을 그만둘 것이라고 기대할 수는 없다. 현재 코치들의 승진, 승급, 심지어는 유급을 결정하는 평가 준거는 오직 지도 팀의 우승여부이다. 그러나 코치들 역시 나머지 교수요원들과 마찬가지로 선생님으로서의 능력도 함께 평가받아야만 한다. 특히, 코치 자신의 이미지가 바로 선생의 이미지가 되도록 하기 위해서 가능한 모든 조처가 취해져야만 한다. 물론 이런 이미지가 여타의 다른 능력을 보장해주는 않는다. 우리는 교육자로서 대학선생님의 자아상이 훌륭한 가르침을 보장하지 못한다는 점도 너무도 잘 알고 있다. 그러나 이런 자아상은 코치들이 진정한 교육자로써 성실하게 행동할 가능성을 높여준다.

이러한 이념을 현실에 접목시킬 수 있는 방법은 무엇일까? 대학교수요원들에 비유해서 생각해 보자. 대학교수는 가르치는 능력과 학문적 생산성 그리고 대학에 대한 봉사 등과 같은 전형적인 기준에 의해 평가되어진다. 우리는 확실히 일부 대학들이 '연구 실적이 모든 것은 아니지만 유일한 것'이라는 정책을 따르는 것 같아 우려가 된다. 그러나 대체로 대학교들은, 특히 좋은 대학교들은 이러한 일련의 기준에 의해 그들의 교수들을 성공적으로 평가하고 있다. 지금은 선생이 된 우리의 코치들에게는 왜 이와 같은 잣대가 적용되어서는 안되는가? 그들의 능력과 성공여부는 오직 승리의 기록에만 편중되어,

아주 부분적으로만 평가된다. 코치들의 우승 또는 패배의 기록은 대학의 연구업적에 필적될 수 있다. 어떤 교수는 훌륭한 연구업적을 달성했지만 그렇지 못한 다른 평범한 교수요원은 탁월한 교육업적을 통해 이에 필적할 수 있음은 너무도 당연하다. 코치들도 마찬가지이다. 우리는 훌륭한 코치들로부터 좋은 경기실적을 기대하지만 만일 그 코치가 훌륭한 선생이라고 판단된다면, 그리고 만일 그의 선수들에게 주어진 경기경험이 교육적으로 긍정적인 것으로 나타났다면, 비록 그가 뛰어난 경기실적을 올리지 못했을지라도 그를 교육자로서 높게 평가해야만 한다. 실제적인 의미에서 우승은 코치/선생님의 평가에 있어서 하나의 기준이 되어야지 유일한 기준이 되서는 안 된다.

나는 이러한 제안이 지나치게 낙관적이라고 생각하지 않는다. 또한 나는 이것이 스포츠에서 발생할 수 있는 윤리적인 문제에 대한 완벽한 해결책이라고 주장하지도 않겠다. 그러나 이것은 많은 인기 스포츠종목을 설정하는 과정에 의미 있는 변화를 가져다 줄 수 있다. 만일 코치들이 그들 자신을 선생님으로 생각하고, 단지 경기기록에 의해서가 아니라 그들이 선수들에게 보여주고, 가르친 교육적이고 윤리적인 가치에 의해서 평가된다면, 이로서 경쟁스포츠에서 윤리적 환경이 개선될 수 있는 가능성이 높아지게 된다. 이것이 대학 스포츠에서 우승에 대한 지나친 강조를 완화시키기 위해 취해질 수 있는 실질적인 조치이며, 일보 진전을 위해 기울일 수 있는 노력의 한 예가 될 수 있다. 만일 우승에 대한 지나친 강조가 이러한 중요한 수준(대학수준)에서 완화된다면, 아마도 고교 및 청소년 스포츠수준에서도 '파급효과(Trickle-down)'를 기대할 수 있을 것이다.

만일 우리가 경쟁 및 승리의 중요성과 가치를 지나치게 강조하는 고도의 경쟁사회에 살고 있지 않다면, 우리는 승리를 지나치게 강조하는 문제로 골치아파하지는 않았을 것이다. 앞 장에서 본 것처럼 우리가 살고 있는 경쟁사회에서 우리가 선택한 스포츠종목들이 매우 경쟁적인 경향을 띤다는 것은 그리 놀라운 일이 아니다. 또한 우리가 사회에서처럼 스포츠에서도 경쟁심이 도를 지나칠 수 있다는 것도 그리 놀라운 것이 아니다. 이것은 스포츠와 사회에서 승리에 대한 문제가 더욱 큰 문제, 즉 경쟁 자체의 문제 로 귀속된다는 것을 의미한다. 이런 의미에서 다음 단락의 논제는 명백하게 승리의 문제와 관련이 있다. 이제 이 문제를 살펴보도록 하자.

경쟁, 소외, 그리고 스포츠

경쟁스포츠의 지지자들은 그러한 스포츠가 가져다 줄 수 있는 긍정적인 효과들 때문에 그것의 경쟁적 차원을 칭송한다. 젊은이들은 경쟁적인 운동경기에 참여함으로서 나중에 그들의 인생에서 매우 중요하게 될 경쟁심, 이기려는 욕망 등을 기를 수 있다. 우리는 그러한 스포츠에 참여함으로서 우리에게 가치 있는 목표들은 성실한 노력과 희생정신, 신중한 준비 등을 필요로 한다는 귀중한 교훈을 배울 수 있다. 그것은 또한 확립된 규칙 안에서 정정당당하게 경쟁하는 것과 정중한 승자나 훌륭한 패자가 되는 것을 가르쳐준다. 이러한 미덕들의 목록을 통해 설득되어져야 할 점은 운동경기의 경쟁은 훌륭한 것, 젊은이들에게 권장되어져야 할 어떤 것이라는 사실이다. 우리들은 대부분 그렇게 믿고 있다.

그러나 우리가 알고 있는 것처럼 다른 이들은 경쟁에 대하여 이와는 매우 다른, 매우 부정적인 견해를 지니고 있다. 만일 젊은 선수들이 더 많은 경기에서 우승하기 위해서라면 장기적인 측면에서 자신의 건강이 위험에 처해도 된다고 생각할 정도로 '경쟁 정신'에 물들어있지 않았다면 과연 그들이 그들의 건강에 치명적인 결과를 유발할 수 있을 정도로 많은 양의 아나볼릭 스테로이드를 복용하겠는가? 만일 '경쟁 정신'이 적정한 정도를 넘어서지 않았다면, 코치들이 속임수를 쓰고, 신인 선수들에게 뒷돈을 대주겠는가? 교육을 제대로 받지 못한 선수들이 대학에 입학하고, 아주 무익한 강좌에 참여하거나 이럭저럭 시간을 때우면서 학적을 유지하고 있는 동안 과연 대학경영자들은 다른 방법을 모색하겠는가? 만일 이와 똑같은 경쟁 정신이 충만해있지 않았다면 과연 선수들은 그렇게까지 싸움에 몰두하고, 서로 상처를 입히기 위해 노력하고, 서로가 서로를 협박하고, 서로가 서로에게 싸구려 욕설을 퍼붓겠는가? 이러한 모든 현상들이 소외에 대한 직접적인 또는 간접적인 표현들이다. 이것은 운동경기나 다른 어떤 방식의 경쟁이 소외를 야기 시키며, 운동경기의 경쟁을 긍정하고 칭송하는 것은 소외를 긍정하고 칭송하는 것이라는 마르크스주의자들의 주장이 옳다는 것을 직접적으로 증명해주는 것은 아닐까? 그렇다면 누가 그것을 하기를 원하겠는가?

소외와 경쟁사이의 관계를 좀 더 신중하게 살펴보자.[2] 한편으로, 나는 스포츠에 적극적으로 참여하는 사람이라면 사실상 누구나 여러 형태의 소외를 한번 또는 그 이상 경험했을 것으로 추측한다. 가장 점잖게 표현하자면 상대편 선수가 농구 경기에서 필요 이상으로 거칠게 부닥치거나 테니스경기에서 필요 이상으로 거칠게 공을 쳐서 넘기면 단순히 약간은 화가 날 것이다. 우리들 대부분은 대개 야구의

---

2) 내가 쓴 다음 논문에서는 이 점에 대하여 더욱 상세하게 논의하였다. "Competition and Friendship," Journal of the Philosophy of Sport, Vol. V, 1978, pp.27～37. 이 글은 또한 Morgan and Meier, op. cit., pp.231～239에도 실려 있다.

안타가 파울인지 아닌지, 테니스공이 코트 안에 들어갔는지 아닌지, 농구경기에서 어떤 사람이 파울을 범했는지 아닌지 등에 관한 무익한 논쟁이 빈번하게 발생하는 공터경기에 자주 참여하고 있다. 보다 강한 어조로 표현하자면 우리들 대부분은 소외당했다고 생각할 때 상대선수에게 화를 내거나 그들에게 해를 입히기 위해 최선을 다하는 선수들을 알고 있다. 몇몇 풋볼 선수들이 경기 시작 전에 빠져드는 소외의 광폭함은 거의 전설적이며 소름끼칠 정도이이다. 극단적으로 소외가 너무 지나쳐서 경기가 주먹싸움으로 바뀔 때 많은 경기들이 파멸된다는 것을 우리는 잘 알고 있다. 소외가 매우 자주, 너무나 자주 운동경기 경쟁의 한 요소라는 증거는 너무나 압도적으로, 그리고 부정할 수 없을 정도로 많다.

우정은 어떠한가? 우리가 프로스포츠나 대교스포츠 또는 대내 스포츠에만 집착하다보면 전 세계 스포츠이벤트의 대부분은 공터수준에서 개최되며 친구들 사이에서 이루어진다는 사실을 망각하게 된다. 우리들 대부분에게 있어서 스포츠는 팀 동료나 상대편 선수와 깊은 우정을 쌓을 수 있는 기회이다. 또한 이러한 우정이 잘 가꾸어지고 깊어질 수 있는 토대가 되기도 한다. 우리들 가운데 극소수만이 심기가 뒤틀어서져서 '우리는 이러한 경기들이 필연적으로 소외를 야기시킨다는 사실을 알면서도 일생동안 그것을 수행한다'고 빈정댈 뿐이다. 그러나 공터에서 이루어지고 있는 스포츠에서부터 프로스포츠에 이르기까지 대부분의 경기들은 소외하고는 거리가 먼 현상이다. 그 이유는 다음과 같다. 우리는 우리가 하고 있는 경기가 소외로 귀속될 것을 알고 있다. 그러나 우리는 또한 이러한 경기들이 우호적으로 경쟁할 수 있는 기회를 제공한다는 것을 알고 있기 때문에, 이러한 위험을 기꺼이 감수한다. 경험은 우리에게 운동경기의 경쟁은 늘 그렇지는 않지만 때때로 소외와 우정 모두를 가져다준다는 점을 가르쳐주었다. 과연 우리는 이러한 가르침에 대하여 어떻게 생각해야만 할까?

우선적으로 운동경기의 경쟁과 소외의 관계(혹은 스포츠의 경쟁과 우정의 관계)는 직접적으로 인과적이 될 수 없다. 만일 마르크스주의자들이 주장하는 것처럼 경쟁이 소외를 일으킨다면, 우리는 경쟁과 소외사이에 '끊임없는 결합'이 더욱 많이 있을 것이라고 예상해야만 할 것이다. 만일 소외가 모든 경기에서 또는 사실상 모든 사람에게 일어나고 있다면, 양자가 인관관계에 있다는 주장은 매우 설득력 있게 들릴 것이다. 그러나 알다시피 사실은 그렇지 않다. 따라서 우리는 경쟁과 우정의 관계를 다른 방법으로 공식화해야만 한다.

그러기 위해서 나는 서로 다른 두 종류의 분석을 소개하고자 한다. 하나는 주어진 현상에 대한 기술적 분석이고, 다른 하나는 목적론적 분석이다. 이름이 암시하는 것처럼 기술적인 분석은 문제가 되고 있는 현상을 단순히 가능한 한 정확하고 사실적으로 기술하려는 시도이다. 이 현상과 관련하여 그것이 좋은지 나쁜지 또는 그것의 양식이나 표현이 우수한지 열등한지와 같은 '가치판단(value judgement)'을 하지 않는다. 기술적 분석은 '현상에 대해 있는 그대로 말하려는(tell it like it to)' 시도이다. 기술적 분석에는 과학의 원인분석에서부터 인과관계에 대한 설명을 피하는 현상학적 분석에 이르기까지 다양한 유형이 있을 수 있다. 그러나 기술적 분석들은 그것이 어떤 유형이든간에 분석되고 설명된 것은 있는 그대로의 사물 자체라는 주장을 공유한다. 이러한 의미에서 모든 기술적 분석은 다소간 '경험적'이기를 요구한다. 우리 문화에서 좋은 기술적 분석의 전형은 과학적 설명이다.

반면에 목적론적 설명은 사물 자체를 있는 그대로 나타내는 것이 아니라, 그것이 그렇게 되어야 할 당위적인 상태 또는 최선의 상태를 강조한다. 이 단어는 어떤 것의 '목적, 선, 완벽'을 의미하는 고대그리스어 텔로스(telos)로부터 파생되었다. 고대그리스의 철학자 아리스토텔레스(Aristotle)는 지식이 그 '궁극적 원인(final cause)'을, 즉 최대능력이 발현되도록 허락될 경우 그것이 되게 될 상태를, 포함하지 않는 한 주어진 존재자에 대한 적합한 지식을 가지지 못한다고 주장하였다.[3] 그는 우리가 알고 있는 도토리에 대한 지식을 예로 들고 있다. 당신은 도토리의 분자구조와 그것의 종류, 그리고 그 기원에 관해 포괄적인 지식을 가지고 있다고 가정해 보자. 그리고 도토리가 좋은 장소에 심어지고 적절하게 비료를 준다면 그것은 참나무가 될 것이라는 점만을 제외하고 당신이 도토리에 대해서 모든 것을 알고 있다고 가정해 보자. 이 경우에 최소한 당신은 도토리에 관한 중요한 정보를 알지 못하고 있는 것이다. 바로 이런 지식이 그것이 최대 능력이 발현되도록 허락될 경우에 그렇게 될 그것의 결과, 목표, 완벽에 대한 지식인 것이다. 이것이 텔로스의 의미이다. 아리스토텔레스에게 있어서는 비록 그 가능성은 매우 희박하겠지만 '도토리의 텔로스는 참나무가 되는 것'이라는 점을 분명하게 강조할 필요가 있다. 비록 기술적인 분석은 그 가능성이 매우 희박하다고 지적하겠지만 아리스토텔레스의 분석에서 도토리의 '본질(nature)'은 참나무가 되는 것이다. 목적론적 분석에 있어서 본질의 척도는 시간 속에서 필연적으로 일어나는 것 또는 전형적인 경우가 아니라, 비록 거의 나타나지 않는다고 할지라도 최대의 또는 본성적인 능력이 발현될 수 있도록 여건이 허락되어졌을 경우에 나타날 수 있는 상태인 것이다.

3) Aristotle, Metaphysics, Book I, p.982b, 983a25 ff.

이런 두 가지 형식의 분석은 모두 매우 복잡하며, 둘 다 중요한 장점과 큰 어려움을 지니고 있다. 그러나 이상의 대략적인 개요만으로도 소외와 경쟁 그리고 우정과 경쟁의 관계를 재조명하기에는 충분하다. 요점을 가능한 한 강력하게 부각시키기 위해서 앞서 살펴보았던 것 보다 더 강하게 운동경기의 경쟁과 소외의 관련성을 주장하는 비판가를 상정해서 논의를 개진해보기로 하자. 다시 말해, 스포츠 활동에서 가끔이 아닌 거의 대부분의 시간에 소외의 문제가 발생한다고 가정해보자. 기술적 분석은 이러한 현상을 근거로 경쟁이 소외를 야기시키며, 소외는 경쟁의 '본질적인' 귀결이고, 스포츠참가자들은 늘 갈등상황에 처해있다고 주장해도 큰 문제는 없을 것이다. 그러나 목적론자들은 비록 대부분의 스포츠경쟁에서 소외의 문제가 발생한다고 할지라도, 스포츠가 최상의 가능성을 성취한다면, 스포츠가 제대로 작동한다면, 소외가 아니라 우정이 생겨날 수 있다고 주장한다. 이 분석에서 있어서 스포츠에 본질적인 것은 그것의 텔로스이다. 즉 원인으로서 우정이 스포츠의 텔로스인 것이다. 반면에 소외는 자동차에 의해서 짓뭉개진 도토리에 비유될 수 있다. 소외는 스포츠경쟁에 본질적인 것이 아니라 '결함있는 양식(defective mode)'이다.

만일 우리가 지금 경험적으로 대부분의 경우 스포츠의 궁극적 원인이 소외라기보다는 우정이라고 생각을 바꾼다면, 목적론적 분석에서 주장된 바는 더욱 강력해진다. 소외는 스포츠 경쟁의 본질적인 귀결이 아니라 스포츠경쟁이 올바르게 작동되지 않았을 때, 즉 그것이 '결함있는 양식(defective mode)'일 때 나타나는 것이다. 경쟁은 최선의 상황일 때, 그것이 잘 작동될 때 우정의 원인이다. 이로부터 우리는 소외로 타락하는 일부 부정적인 경우를 문제 삼아서 스포츠 자체를 폐지하자고 주장해서는 안 될 것이다. 오히려 우리는 주변 상황이 스포츠가 텔로스를 성취하는 것을 방해하고 있다고 분석해야만 하며, 동일한 맥락에서 스포츠가 최고의 상태가 되는 것도 이러한 상황에 의해서 좌우된다는 사실도 깨달아야만 한다. 우리는 앞에서 많은 제안을 하였다. 더욱 많은 제안들이 설득력 있게 개발되어 질 수 있다는 것에는 의심의 여지가 없다. 그러나 '본질적으로 소외시키는 것'이기 때문에 스포츠를 폐지해야 한다고 지적하는 기술적 분석이 아니라 목적론자에게 이것은 적절한 분석틀이 될 것이다.

스포츠에 있어서 윤리적 문제와 관련된 세 번째 논제를 위해서 우리는 매우 특별한 문제, 즉 만일 스포츠가, 때때로 승리가 지나치게 강조되고 경쟁이 통제를 벗어나는 맥락으로 편입되지 않았다면 결코 발생하지 않을 매우 특별한 문제에 관심을 돌려야 할 필요가 있다. 여러 관점에서 볼 때 현재 국가적인 위기라고 할 수 있는 문제 가운데 하나는, 프로수준에서 대학스포츠에 이르기까지, 심지어는 고교스포츠에 이르기까지 거의 모든 수준의 운동선수들이 아나볼릭 스테로이드와 다른 수행향상약물을 매우 광범위하게 사용하고 있다는 사실이다. 이제 이 문제를 검토해보도록 하자.

스포츠에서의 약물복용

먼저 스포츠에서 약물 사용과 관련된 특별한 윤리적 문제들을 이해하는 데 도움이 되는 중요한 구분을 상정한 후에 논의를 시작하겠다. 우리는 첫째로 스포츠에서 약물에 대한 현재의 논쟁이 대중에 폭넓게 확산된 소위 '레크리에이션적인 약물'의 사용에 대한 국가적인 관심(어떤 이들은 히스테리하고 부르는)의 사회적인 맥락 내에 위치하고 있다는 점을 인식할 필요가 있다. 이러한 약물에는 마리화나, 코카인, 헤로인 등이 포함된다. 확실히 이러한 약물의 사용에 관심을 갖고 있는 선수들에게는 심각한 문제가 있다. 그러나 이러한 약물의 사용과 관련하여 운동선수들을 특별하게 취급할 이유는 없다. 왜 선수들이 이러한 약물들을 금해야 하는지 또는 금하지 않아도 되는지에 대한 모든 이유들은 다수 대중에게 적용되는 방식과 동일하게 적용된다. 그 대신에 스포츠세계 내에서의 논쟁은 소위 '수행향상약물'의 사용에 집중되어 있다. 의심할 바 없이 논쟁의 핵심은 점차 확산되고 있는 운동선수들에 의한 아나볼릭 스테로이드 사용과 관련이 있다. 이 약물은 "수행을 향상시켜준다(performance-enhancing)." 왜냐하면 격렬한 트레이닝과 병행하여 그것을 적정량 복용할 경우에 근육의 힘과 크기가 매우 빠르고 현저하게 증가하기 때문이란다.[4)]

약 5년 전까지 아나볼릭 스테로이드의 구입이나 사용은 불법적인 것이 아니었다. 그러나 최근 들어 그것은 불법적인 것으로 선언되었다. 현재 국제올림픽위원회, NCAA, 프로스포츠리그, 그리고 국내 대부분의 공식 스포츠조직들은 그것의 사용을 금지하고 있다. 그것들을 금지하는 이유는 의심할 바 없이 매우 다양하다. 아마도 옳든 그르든 '레크리에이션적인' 약물 사용과 그것들이 관련 있다는 사실이 하나의 요인일 것이다. 다른 이유들 또한 다음과 같이 인용되어져왔다. 추측컨대 운동선수 사용자들에 의해 선호되고 있는 약물의 과다복용

---

4) 이하의 논의에서는 현재 논쟁의 선두에 놓여져 있는 아나볼릭 스테로이드에 대한 이견(異見)들에 우리의 관심을 집중시켜야만 할 것이다. 비록 논쟁점의 다수가 다른 실행향상약물에 대해서도 동등하게 중요하겠지만 각각은 서로 독립적으로 고려되어야만 한다. 한 예를 들자면 만일 우리가 혈액도핑의 사용을 고려할 때 그와 관련된 건강상의 위험은 그다지 명백하지 않으므로 우리는 그 금지와 관련된 우리들의 결론을 수정해야만 할 것이다.

과 관련된 다양한 건강상의 위험을 지적하고 있는 보고서들, 약물을 사용하지 않는 선수에 대해 약물사용선수가 가지는 불공정한 이득에 대한 의식, (비록 아나볼릭 스테로이드가 '자연적인' 남성 호르몬인 테스토스테론에서 추출하였다고는 하지만) 스테로이드에 의해서 만들어진 몸은 '자연적이지 않은' 어떤 것이라는 의심, 이 모든 것들이 스테로이드나 다른 수행향상약물의 사용을 금지하는 이유로 인용되고 있다.

그러나 근육의 크기와 근력 증가 등 약물복용으로 인해 얻는 이득이 너무나 명백하기 때문에 이러한 금지조처가 실효를 거두기는 어려운 것으로 보인다. 반대로 약물사용이 금지된 이후 스테로이드 사용이 엄청나게 증가하였다는 추정이 나오기도 한다. 현재 고등학교는 물론이고 심지어는 중학교 선수들까지도 스테로이드를 사용하고 있다는 증거가 나타나고 있다. 따라서 여러 사람들이 협력해서 약물 사용을 단념시키려고 노력하고 있다. 처벌체계를 확립하고, 약물을 사용하지 않는 유명선수가 약물사용을 비난하는 공익방송을 하는 등 여러 가지 방법을 동원하여 약물사용을 단념시키고 있다.

만일 수행향상약물의 사용을 금지하는 조처가 합법적이라는 데에 보편적인 동의가 있었다면, 심각한 윤리적 문제가 발생하지는 않았을 것이다. 물론 거기에는 강요, 검사, 속임수 등의 다양한 문제들이 있을 수 있겠지만, 이런 상황은 원칙적으로 윤리적으로 문제가 되지 않는다. 윤리적인 문제는 약물사용금지조처의 합법성에 대해 의문을 제기하는 주장들이 나타나기 때문에 발생하는 것이다. 약물금지는 선수들이 그들의 능력을 향상시키기 위해 모든 것을 할 수 있는 권리를 부당하게 침범하는 것이라는 주장이 제기되기도 했다. 더욱이 이런 비판들은 약물사용금지를 옹호하는 사람들에 의해 주창되어진 논변들이 대단히 임의적일뿐만 아니라 많은 부분에서 애매하다고 지적한다. 이러한 논쟁과 거기에 포함된 윤리적인 논제들을 이해하기 위해서는 수행향상약물의 금지를 옹호하는 사람들과 그것을 비판하는 사람들의 논변을 모두 검토해보아야만 한다.

약물금지를 지지하는 사람들은 약물금지조처를 변호하도록 요청되어졌을 때 일반적으로 건강상의 위험, 공정성, 강제, '진정한' 스포츠의 특징, 역할 모델로서의 선수 등과 같은 문제들을 지적한다.[5] 먼저 수행향상약물의 일부는 사용자들에게 유의한 건강상의 위험을 안겨준다는 상당한 증거가 있다는 주장부터 검토해보자. 이러한 위험은 특히 조심스럽게 통제된 실험에서 허용될 수 있는 정도보다 훨씬 많은 양의 약물을 복용하고 있는 몇몇 '약물과다복용(megadoses)' 선수들에게 주어진다. 특히 다량의 아나볼릭 스테로이드 사용은 간암, 남성의 정액감소 및 발기부전, 여성의 남성화, 탈모, 그리고 심한 여드름 등을 발생시킬 수 있다는 보고들이 있다. 또한 뚜렷한 심리적 효과도 나타나는 데, 가장 두드러진 것은 공격성과 폭력성의 뚜렷한 증가라는 것이다. 약물금지를 지지하는 사람들은 이러한 위험들을 제시

5) 『Journal of the Philosophy of Sport』에는 이 논쟁과 관련된 매우 생산적인 논변들이 게재되어 있다. 예컨대 '합법화'의 선구적인 제창자 가운데 한 사람인 W.M. Brown의 논문 "Ethics, Drugs, and Sport" (Vol, VII, 1980, pp.15～23)와 Brown, Robert Simon, Warren Fraleigh 등의 논문이 게재되어있는 Vol, XI, 1984, pp.6～35의 "Special Symposium on Drugs and Sport,"를 참고하라. 약물금지조처의 옹호자인 Robert Simon는 그의 저서 『Sports and Social Values』, Englewood Cliffs, N.J., Prentice Hall, 1985, 4장에서 이에 대한 좋은 논변을 제시하고 있다. 세 번째 자료로는 Morgan and Meier, op. cit., Part IV, "Sport and Ethics," pp.289～328을 들 수 있다.

하면서 약물들은 건강상의 이유에서 당연히 금지되어야만 한다고 주장하고 있다.

이러한 위험들 때문에, 그리고 어떤 경우에는 그런 약물들이 금지되고 있기 때문에 많은 운동선수들은 그것을 사용하려고 하지 않는다. 이것은 직접적으로 두 번째 논변인 공정성의 논제로 이끌어간다. 어떤 운동선수들은 만일 약물이 그들의 경기능력을 향상시키는 데 도움을 준다고 믿는다면 건강상의 위험 같은 것은 크게 고려하지 않을 것이며, 기꺼이 약물을 사용할 것이다. 그러므로 이런 선수들은 건강을 고려해서 스테로이드를 복용하지 않은 선수들보다 상당한 이득을 얻게 될 것이다. 의문이 드는 것은, 왜 이와 같이 지각 있는 사람들이 건강에 어떤 위험을 주든 상관없이 약물을 복용하는 바보 같은 사람들과 비교해서 뚜렷한 불이익을 받아야만 할까? 확실히 이와 관련해서 명백한 불공정이 존재한다. 이와 같은 불공정은 이러한 약물사용을 모두에게 금지함으로서 가장 잘 해소될 수 있을 것이다.

이러한 주장은 직접적으로 세 번째 논변인 강요의 논제로 이끌어간다. 프로리그에서 뛰려는 야망과 화려한 경력을 지닌 뛰어난 풋볼 라인맨(lineman)을 생각해보자. 그는 미국프로미식축구리그(NFL)에서 뛰고 있는 라인맨의 상당수(약80%로 추정됨)가 '거구가 되기 위해서' 스테로이드를 사용한다는 사실을 알고 있다. 만일 그가 이들과 경쟁하기를 원한다면 그 또한 어쩔 수 없이 스테로이드를 사용할 수밖에 없는 입장에 처하게 될 것이다. 그래서 그는 원칙적으로는 약물복용을 원하지는 않지만 어쩔 수 없이 스테로이드복용을 강요받게 된다는 주장이 가능하며, 이것은 부당하다는 것이다. 또다시 이와 같은 부당성을 적절하게 해결하는 방법은 다 함께 약물사용을 금지하는 것이다.

네 번째 논변은 수행향상약물의 사용이 '인간들이(persons)' 행하는 경기의 본성을 바꾸고, 그렇게 스포츠경기의 이상을 따르지 않는다고 주장한다.[6] 즉 공정한 스포츠경기는 '자연적으로' 조건화된 상황 하에서 최선을 다하는 선수들 사이에 존재하는 것으로 간주되어 진다. 만일 에드윈 모세스(Edwin Moses)가 초능력자와 허들경주시합을 강요당해 결국 패배했다면 그 누구도 그 경기가 공정했다고 하지는 않을 것이다. 스테로이드를 복용해서 경기력이 향상된 선수는 자신의 경기력을 자연적으로가 아니라 인위적으로 향상시켰기 때문에 경기의 전체적인 본성을 변화시킨다. 이 논변에서 초능력자는 바로 스테로이드로 경기력이 향상된 선수의 매우 극단적인 버전이라고 할 수 있다. 양자 모두 '비자연적이며', 약물투여 또는 다른 인위적 수행향상제에 성공적으로 반응하는 신체능력이 아니라 자연적으로 주어진 운동능력을 테스트하는 사람들 사이에서만 존재하는 것으로 간주되고 있는 스포츠경기의 참된 본성을 실추시킨다.

마지막으로 운동선수들이 사회에서 청소년의 영웅역할을 하고 있다는 1장의 지적내용이 수행향상약물의 금지를 지지하는 사람들에게 또 다른 논의 소재를 제공해 주고 있다. 젊은이들은 그들이 우상화하고 있는 영웅을 모방한다. 만일 운동선수들이 대다수의 젊은이들의 영웅이라면, 이런 젊은이들은 유명한 운동선수들을 모방할 것이다. 만일 선수들이 스테로이드를 복용한다면, 젊은이들 또한 이것을 모방하게 될 것이며, 이로 인해 그들의 건강은 잠재적으로 심각한 피해를 입게 될 것이다. 이와 같은 불행한 사태가 아미 나타나고 있다는 증

---

6) 예를 들면 Simon과 Fraleigh 두 사람 모두 『Journal of the Philosophy of Sport』, Volume IX Symposium에서 이 논변에 호소하고 있다.

거가 도처에 널려 있다. 앞서 언급했듯이, 많은 고등학교선수 심지어는 중학교선수들까지 그들이 우상으로 숭배하고 있는 대학선수 또는 프로선수들을 모방해서 스테로이드를 사용하고 있다. 이런 '파급효과(trice-down effect)'를 막기 위해서는 수행향상약물의 사용을 모두에게 금지해야만 한다는 것이 이 논변의 요지이다.

만일 내가 그들의 입장을 명확하게 드러냈다면 이 논변들은 충분히 설득력이 있다. 그들은 사실상 수행향상약물의 금지를 찬성하는 스포츠조직의 모든 행정가들을 포함해서 대부분의 사람들을 확실하게 설득했다. 그러나 그들은 이 논변들이 종종 몇 가지 혼란스러운 애매성에 근거하고 있으며 인간의 자율성을 위협하는 몇 가지 위험스러운 요소들을 숨기고 있다고 지적하고 있는 몇몇 사려 깊은 비판가들을 설득하는 데는 실패하였다. 다음으로 위의 논변들에 대한 반대 입장들을 살펴보도록 하자.[7)]

비판가들은 먼저 '약물' 또는 '이질적인' 물질로 간주되는 것에 의문을 던진다. 즉 그들은 금지물질에 대한 개념정의가 매우 애매하다는 점을 부각시키면서 수행향상약물 금지조처를 반대한다. 무엇보다도 '약물'의 개념은 명확하게 정의내리기가 어렵다. 우리는 일상생활에서 언제나 매우 자주 약물로 간주되고 있는 여러 종류의 물질들을 사용하고 있다. 이렇듯 일상화된 약물을 특별히 운동선수들에게만 금지시킨다는 것은 이해가 되지 않을 것이다. 카페인은 약물이다. 아스피린과 알코올, 니코틴 등도 약물이다. 우리는 이러한 물질들을 규칙

7) 이러한 반론의 대표적인 옹호자는 W. M. Brown이다. 그는 앞서 인용한 논문에서 자신의 주장을 정당화하기 위해 가끔 Robert Simon의 논변을 빌려오기도 하는데, 정작 Simon 자신은 결론부분에서 실행향상약물의 사용에 반대하는 입장을 취하고 있다.

적인 식생활의 일부분으로서 매일매일 사용하고 있다. 우리가 이런 것들의 사용을 금지하고 있는가? 이런 기준에 의해서라면 운동선수들은 우리가 매일 사용하는 과학과 기술의 가장 기본적인 의학적 기여들의 일부를 거절해야만 한다. 게다가 정의하기에 따라서 금지된 약물의 일부는 약물이 아닌 것이 될 수도 있다. 운동선수가 자신의 산소동원능력을 향상시킬 목적으로 자신의 혈액을 채취해서 보관했다가 나중에 그 혈액을 다시 주입하는 '혈액도핑'을 생각해 보자. 자신의 혈액을 약물 또는 이물질로 보기는 어렵다. 아나볼릭 스테로이드는 어떤가? 이것의 기초 성분인 테스토스테론은 남성호르몬, 즉 '자연적' 물질이다. 더욱이 혈액 도핑의 경우 그것이 건강에 악영향을 끼친다는 확실한 증거는 그 어디에도 없다. 그런데 그것은 왜 금지되어져야만 하며, 특히 '수행향상약물'의 범주에서 금지되어져야만 하는가? 그래서 비판가들은 약물을 금하자는 제안은 바로 '약물'의 관념과 관련된 많은 애매함을 숨기고 있다고 주장한다.

도핑반대론자들은 이러한 비판에 대해 몇 가지 구분을 통해 의미를 명료화하려고 시도했다. 우리는 이미 '재창조적인' 약물과 '수행향상약물'의 구분을 언급하였으며, 이 중에서 특히 스포츠에 대한 논의는 후자에 관심을 두고 있다. 두 번째는 수행향상약물과 '회복을 위한 약물(restorative drugs)'의 구분이다. '회복을 위한 약물'은 건강한 선수들에게 수행을 향상시키기 위해 주어지는 것이 아니다. 그것은 부상당하거나 건강하지 못한 선수들에게 그들이 원래 수준에서 경기에 임할 수 있도록 운동능력을 회복시켜주려는 의도에서 처방된다. 두통해소를 위한 아스피린이나 접질린 발목을 보호하기 위한 테이프 등은 회복을 위한 것이기 때문에 금지되고 있지 않지만, 스테로이드나 혈액도핑은 수행향상을 위한 것이기 때문에 금지되어야만 한다는 것이다.

그러나 이런 구분은 얼핏 보아도 그다지 명료하지 않은 것 같다. 일부 약물은 건강을 회복을 시켜주고 수행을 향상시켜주는 두 가지 기능을 모두 하는 것처럼 보인다. 만일 내가 경기 당일 날 두통을 이기기 위해 아스피린을 복용했거나 아킬레스건의 고통을 해소 하기위해 코티손 주사(그 자체가 스테로이드임)를 맞았다면, 나의 수행능력은 향상되지 않은 채 발휘된 것이라고 할 수 있을까? 위대한 중거리 선수였던 메리 데커 슬래니(Mary Decker Slaney)에게 몇 년 전에 행해졌던 일종의 수술 역시 이에 대한 매우 적절한 사례가 될 수 있다. 격렬한 트레이닝과 매우 과도하게 발달한 다리 근육으로 인하여 그녀의 근육은 그것을 덮고 있는 외피보다 더 커져서 큰 고통이 생겨났다. 결국 근육의 외피를 자르는 수술을 시행하였으며, 그녀의 확장된 근육들은 더욱 큰 공간을 지니게 되었고, 이로 인해 고통이 사라졌다. 한편으로 그 수술은 고통에서 벗어나게 해주었기 때문에 회복적인 조처처럼 보인다. 그러나 다른 한편으로 그 고통은 그녀의 근육을 부자연스럽게 발달시킨 그녀의 과도한 트레이닝에 의해 야기 되어졌다. 슬래니는 단지 그녀의 트레이닝을 완화시킴으로써 그 문제를 해결할 수도 있었다. 그 수술의 분명한 목적은 그녀가 이전에 할 수 있었던 것보다 더욱 근육을 발달시킴으로써 그녀의 운동수행능력을 향상시키는 것이었다. 그 수술은 회복을 위한 것인가 아니면 수행강화를 위한 것인가?

비판가들에 의하면 비슷한 종류의 애매함과 혼동이 약물사용을 반대하는 특별한 논변들에 영향을 미치고 있다. 첫 번째 것은 다시금 그런 약물들을 사용하는 선수들에 의해서 초래된 건강상의 위험과 관련이 있다. 다른 사람들 가운데 브라운(W. M. Brown)은 건강상의 위험에 관한 증거가 종종 피상적이고 인상적이며, 통제된 양의 약을 가지고 통제된 상황에서 주의 깊게 연구된 것이 아니라고 지적한다. 여기서 비평가들의 기본적인 전략은, 논쟁의 목적을 위하여, 약물사용과 관련된 건강상의 위험이 분명히 존재하고 있음을 당연시 여기는 것이다. 그러나 그들은 풋볼경기와 같이 인기가 많은 스포츠들도 일정량의 스테로이드가 건강상의 위험을 초래하는 것처럼, 선수들의 건강에 본질적으로 해롭다고 지적한다. 경기 중 또는 훈련 중 부상당한 풋볼선수들은 모든 스포츠종목을 합쳐서 스테로이드사용에 의해 건강이 악화된 선수들보다 그 수가 훨씬 많다. 만일 우리가 건강상의 위험 때문에 어떤 활동을 금지해야만 한다면, 우리는 이 나라에서 이미 오래전에 스테로이드사용보다 훨씬 위험하다고 판명된 수많은 스포츠종목들(혹은 모든 스포츠종목들)과 활동들을 금지해야만 할 것이다.

이러한 반대의 요지는 도핑반대론자들의 독단을 고발하는 것이다. 만일 우리가 건강에 위험한 운동은 금지되어져야 한다는 원리에 입각해서 그러한 약물을 금지하자고 주장해야만 한다면, 우리는 그러한 (많은 스포츠를 포함하는) 운동을 폐지하거나 또는 처음부터 하지 않았어야만 한다. 다른 대안은 우리가 어느 정도 계산된 건강의 위험정도를 정하는 것이다. 그러나 다시 말하지만 어떤 방식으로든 스테로이드의 사용이 풋볼이나 권투, 또는 암벽등반 보다 더욱 위험하다고 증명할 수는 없는 노릇이다. 이렇듯 수행행상약물의 금지를 정당화하는 토대로서 건강의 원리에 호소하는 것은 임의적인 것으로 간주될 수 있다.8)

---

8) 문제는 혈액도핑(자신의 혈액을 채취하고, 보관하고, 다시 주입함으로서

공정성에 의한 논변은 상황이 훨씬 더 안 좋은 것 같다. 이 논변은 수행향상제가 더 이상 '동등한 기회'를 부여받았다고 할 수 없는 비사용자보다 사용자에게 부당한 이득을 준다고 주장하고 있다. 그러나 브라운(W. M. Brown)이 지적한 것처럼 공정성은 스포츠의 대부분에 있어서 관련된 특별한 개인에게가 아니라 경기의 규칙에 적용되는 것이다.[9] 만일 관련된 모든 사람들이 규칙들을 준수했다면, 경기는 '공정한' 것이다. 만일 우리가 공정성의 개념을 평등 또는 똑같은 훈련 진도까지 포함하도록 확장시킨다면, 사태는 우스꽝스럽게 될 것이다. 브라운이 지적한 것처럼 대부분의 경기의 이념은 동등하지 않은 것들을 테스트하는 것이다. 만일 내가 경기를 위해 하루에 두 시간씩 연습을 하고, 나의 경쟁자는 세 시간씩 연습을 했다면 그는 나에 비해 부당한 이득을 얻게 되는 것일까? '동등한 기회'라는 명목 하에 그는 트레이닝시간을 줄이도록 요구받아야만 할까?(이것은 쓸데없는 반론이 아니다. 과거에 경기를 위한 연습조차도 스포츠맨답지 못한 것으로 고려되어졌던 전례를 다룬 영화 '불의 전차(Chariots of Fire)'를 상기해 보라.)

이 문제와 관련하여 스포츠의 어디에나 있는 '불공정한 이득들(unfair advantages)'을 고려해보도록 하자. 키가 5피트인 경쟁자에 대

산소동원능력을 증가시키는 방법) 같은 몇몇 수행향상방법들이 아직 알려지지 않은 건강상의 위험을 야기시킬 수 있다는 정보에 의해 더욱 악화된다.

9) Brown, op. cit., pp.17～19에는 이러한 주장에 대한 예외적인 경우들이 나타나 있다. 즉 성별로 분리되어 개최되는 스포츠들, 레슬링과 권투에서 체중에 따른 체급구분, 그리고 여러 가지 스포츠에서 연령대구분 등은 모두 경기하는 사람들을 상술하고 있다.

해 7피트인 선수의 부당한 이득, 플로리다(Florida)에서 자란 경쟁자에 비해 버몬트(Vermont)에서 크로스컨트리스키시합을 하면서 자라고 있는 소년의 부당한 이득, 슬램가에서 자란 경쟁자에 비해 부유한 부모덕분에 수십 필의 말을 소유하게 된 여성승마선수의 부당한 이득 등이 그 예이다. 간단히 말해서 인생처럼 스포츠는 불평등으로 가득 차있다. 그리고 만일 이러한 것들이 부당한 이득의 구성요소가 된다면 스포츠경기 자체를 시작하기가 거의 불가능했을 것이다. 이런 면에서, 수행향상약물사용자들에게 부당한 이득을 제공한다는 주장은 또 다시 비슷한 불평등 상황에는 결코 적용되지 않을 원칙을 단지 도핑의 상황에만 임의적으로 적용하는 독단으로밖에 볼 수 없다.

처음 두 논변과 관련된 문제의 예로써, 내가 이미 언급했던 현상이 이미 발생하고 있음을 고려해보자.10) 최근 몇 년 동안 아프리카계 미국인 보디빌더들이 전국에서 개최되고 있는 다양한 보디빌딩시합을 점차적으로 석권하고 있다. 백인 보디빌더들은 아프리카계 흑인들이 우세한 이유를 다음과 같이 설명하고 있다. "검은 피부는 근육의 감응도가 높아서 이러한 시합에는 중요하며, 흰색 피부보다 더욱 유리하다." 그런데 이러한 설명은 아마도 정확한 분석에 근거하거 합리적으로 내려진 것이라기보다는 그들의 열세를 변명하려고 고심한 결과 궁여지책으로 나온 설명 같다. 정말로 검은 피부가 유리하다면 그들 역시 선탠살롱에서 살갗을 태워서 흑인선수들처럼 피부를 검게 만들 수 있다.

백인 보디빌더들의 추측이 사실이라고 가정해보자. 만일 사실이라면 한편으로 보디빌딩 경기에서 흑인들은 매우 큰 장점을 지니게 된

---

10) 이 예문에 대하여 나는 Elizabeth Fairbend에게 감사한다.

다. 모든 흑인 보디빌더들은 모든 시합에서 불공정한 이득을 얻을 것이다. 그러므로 우리는 분리되지만 공평한 두 가지 시합을 개최해야만 할까? 게다가 지나친 일광욕으로 피부암에 걸리게 될 건강상의 위험은 적어도 스테로이드로 인해 간암에 걸릴 위험만큼 크다고 추측하는 것도 설득력이 있다. 그러므로 우리는 백인 보디빌더들이 과도하게('과도하게'를 어떻게 정의해야만 할까?) 일광욕하는 것을 금지해야만 할 것인가? 아마 아닐 것이다. 스테로이드의 경우와 비교할 때 허락된 것과 허락되지 않은 것을 선택함에 있어서 우리의 판단이 얼마나 임의적인지 잘 드러나고 있다.

강요에서 나온 세 번째 논변은, 약물을 사용해서 그들의 능력이 강화된 약물사용자는 비사용자에게 같은 수준에서 경쟁하지 못한다는 심리적 고통과 부담을 줌으로써, 그들 역시 결국에는 약물을 사용하도록 강제적으로 압력을 가한다고 주장한다. 그러나 여기에서 또 다시 무엇이 강제적이며, 무엇이 강제적이지 않는가와 관련하여 상당한 애매함이 나타나고 있다. 선수들은 문자 그대로 다른 선수들이 사용하기 때문에 약물을 사용하도록 강요받은 것은 아니다. 선수들은 계속해서 약물을 사용하지 않을, 그리고 그 결과인 낮은 수준의 성취를 수용할 수 있는 선택권을 지니고 있다. 브라운이 말했듯이, 우리들과 마찬가지로 선수들도 그들이 한 선택의 위험과 이익에 책임을 져야만 한다. 아무도 그들에게 올림픽에서 금메달을 따라고 강요하지는 않았다.[11)]

11) Brown, W. M., "Comments on Simon and Fraleigh," in "Special Symposium on Drugs and Sport." Journal of the Philosophy of Sport, Vol. XI, 1984, p.35.

운동선수와는 다른 길을 걷고 있는 사람들의 예를 두 가지 들어보자. 보너스 점수를 얻기 위해 졸음억제제까지 복용하면서 밤늦게까지 보고서를 작성하고 있는 한 성실한 학생을 상상해보자. 과연 그녀는 그렇게 함으로서 동료들에게 자신과 똑같이 공부하도록 강요하는 것일까? 또 다른 예를 들어보자. 승진하기 위해 밤 10시까지 사무실에 남아 회사 일을 처리하고 있는 젊은 중역을 생각해보자. 나는 가족이 있으며, 가족과 함께 시간을 보내기 위해서 퇴근시간인 오후 5시에 집에 가길 바란다. 만일 내가 승진하기를 원한다면, (그래서 그 중역과 같이 나도 늦게까지 회사에 남아 일하게 된다면) 나는 나의 가족을 등한시하도록 강요당한 것일까? 짧게 말하면 약물을 사용하지 않는 선수들은 약물을 사용하고 있는 선수들의 예에 의해서 약물을 사용하도록 압박받게 된다고 말하는 것이 더욱 정확할 것이다. 그러나 대부분의 삶에서처럼 스포츠에도 모든 종류의 압박이 다양하게 존재하고 있다. 우리는 어떤 압박은 받아들이고, 다른 것들은 거부한다. 왜 수행향상약물의 경우는 달라야만 하는가?

우리가 '자연적인' 인간과 스포츠경기의 이상을 구성하는 것과 관련이 있는 네 번째 논변으로 관심을 돌리면, 또 다시 애매함이 나타난다. 그 주장을 상기해보면 스테로이드사용자는 '인위적으로 (경기력이) 향상된' 운동선수지 경기에 의해 그 능력이 검증되는 것으로 가정되는 자연적인 인간이 아니라는 것이 그 요점이다. 그러나 '자연적인' 인간이 무엇이고 그렇지 않은 인간이 무엇인지는 특히 현재와 같은 기술공학시대에 결코 명료하지가 않다고 비판가들은 답변한다.

일차적으로 운동선수들, 특히 세계적인 선수들은, 그들의 식생활, 수행 그리고 특히 훈련의 특징을 고려할 때, 만일 그들이 비자연적이 아니라며 이미 비정상적이다. 이 점을 분명하게 하기 위해 1970년대

초에 풋볼 라인맨으로 활약한 바 있는 한 학생선수의 예를 들어보겠다. 그는 한때 내가 담당했던 스포츠철학수업에 참가해서 자신은 다른 선수들이 했던 것처럼 그런 방식으로 체중을 늘리지 않았는 데 그 이유는 그것이 '자연스럽지' 못하기 때문이라고 말했다. 그는 "내가 경기장에 나갔을 때, 나는 웨이트트레이닝에 의해서 인공적으로 형성된 괴물이 아니라 진정한 나이기를 원한다"고 말했다. 이 말은 모든 스포츠종목의 모든 선수들이 일상의 일부로써 웨이트트레이닝을 생활화하고 있는 이 시대에 호기심을 자극할 만큼 천진난만하게 들린다. 그러나 약물사용을 반대하는 사람들은 여전히 스스럼없이 이와 비슷한 표현을 하고 있다. '자연적'으로 간주되는 것, 그것은 부분적으로 사회적 관습의 기능이다. 앞서 살펴보았듯이 '불의 전차'라는 영화는 어떤 종류의 훈련도 자연적이지 않으며 스포츠맨답지 못한 것으로, 또한 스포츠의 이상을 손상시키는 것으로 생각했던 20세기 초기의 상황을 묘사하고 있다. 오늘날 격렬한 웨이트트레이닝은 우리의 바뀐 자연적인 것의 이상과 모순되지 않은 것으로 여겨진다. 그러나 수행향상약물은 그렇지 않다. 이 이념도 다음 십년 후에 다시금 이와 같이 바뀌게 되지는 않을 것이라고 누가 장담할 수 있겠는가? 어쨌든 무엇이 자연적이고 무엇이 스포츠의 이념인지에 대한 우리의 생각이 가변적이라는 사실은 그것이 임의적일 수 있으며, 그런 의미에서 약물사용금지를 정당화하는 준거로는 적합하지 않다는 점을 말해준다.

마지막으로 자신이 영웅으로 숭배하는 운동선수의 행동을 모방하는 젊은이들의 성향이 운동선수들에게 있어서 약물사용금지를 정당화하는 또 하나의 이유로 제시되고 있다. 여기에서 또 다시 임의성의 위험이 나타나고 있다. 비록 우리는 젊은 운동선수들이 모방할 것을 잘 알고 있을지라도, 성인운동선수들의 알코올 사용을 법으로 금지하지는 않는다. 우리는 유명한 운동선수가 그들을 우상으로 숭배하는 젊은이들에게 좋은 모범이 되도록 하기 위하여 독신으로 살거나 문법적으로 정확한 문장을 말하거나, 다른 방법으로 그들의 행동을 자제하라고 요구하지는 않는다. 우리는 그들이 그렇게 행동하길 진심으로 바랄뿐이다. 우리는 그들이 모범적으로 행동할 때 칭찬하고 그렇게 하지 않을 때 안타까워할 뿐이다. 우리는 그들이 모범적인 행동을 보이지 못했을 때 처벌 받기를 요구하지는 않는다. 그런데 왜 우리는 수행향상약물의 경우에는 그렇게 해야만 하는가?

금지를 옹호하는 사람들에 의해 제시된 논변들에 대한 일반적인 비판적 공격은 이러한 논변들을 성가시게 하는 많은 애매성들에 집중되고 있다. 그러나 수행향상약물과 관련하여 '자유로운 선택(free choice)'을 선호하는 보다 긍정적인 논변들은 온정주의 및 자율성과 관련된 중요한 윤리적 문제들을 야기 시키고 있다. 이제 우리는 이 논쟁의 핵심 용어와 개념 몇 가지를 명료하게 만들면서 우리의 관심을 그쪽으로 전환하도록 한다.

만일 우리가 어떤 개인은 그렇게 행동하길 원하지만 그러한 행동은 그 개인 자신의 이익에 위배된다고 판단해서 그가 하려는 행동을 금지시킨다면 우리는 온정주의적으로 행위하는 것이다. 안전띠의 사용을 요구하는 법이나 오토바이운전자에게 헬멧착용을 요구하는 법은 온정주의적인 법률의 좋은 예라고 할 수 있다. 도입된 (금지)규칙이 금지당한 사람들을 보호하기 위해 제정된 경우일 때 그런 (간섭) 행위들은 온정주의적인 것이 된다는 점을 깨달을 필요가 있다. 예컨대 살인방지법은 온정주의의 예가 아니다. 왜냐하면 그 법은 살인자가 아니라 살인의 위협을 받는 사람에게 봉사하려는 의도에서 만들어졌기 때문이다. 더욱 많은 개인이, 또는 더욱 많은 사회가 그들 스스로가 그들 자신으로부터 보호받을 필요가 있다는 이유에서 사람들의 행위를 금지하는 법률과 규범을 갖기를 원하면 할수록 그 개인 또는 그 사회는 더욱더 온정주의적이 된다.

그것이 원칙적으로 편견에서 자유롭고 좋은 의도에서 시작된 것이라면 도대체 온정주의가 왜 문제시되어야만 하는가? 문제는 그것이 본질적으로 개인의 자율 또는 자유를 간섭한다는 데 있다. 개인의 자율과 자유의 가치에 상당한 비중을 두는 사람들은 그들이 '개인의 자유에 대한 온정주의적인 간섭'이라고 명명하는 경향이 있는 것의 예와 필연적으로 갈등을 일으키게 된다. 온정주의에 강력히 반대하는 사람들, 비록 그들에게 허락된 자율성이 그들 자신에게 해를 가져다 주거나 위험을 야기시킨다고 할지라도 자율성에 큰 가치를 부여하는 사람들을 종종 자유주의자라고 부른다. 자유주의자의 위대한 성명 가운데 하나인 반온정주의적 관점은 19세기 사상가 존 스튜어트 밀(John Stuart Mill)에 의해 그의 저서 『자유론(On Liberty)』에서 공식화되어졌다. 밀은 말하길,

> 인류가 그들 구성원의 행위의 자유를 개인적으로 또는 집단적으로 간섭하는 것을 보장하는 유일한 이유는 자신을 보호하기 위함이다. 권력이 시민사회 구성원들에게, 그들의 의시에 반하여 합법적으로 행사될 수 있는 유일한 이유는 타자를 해치는 것을 방지하기 위함이다. 그것이 신체적인 것이든 정신적인 것이든 그 자체의 선은 충분한 근거가 아니다.[12]

---

12) Mill, J.S. On Liberty. Indianapolis, Hackett Publishing Company, 1978, p.9.

그런데 자유주의자들은 타인에 대한 해악을 개인의 자율에 대한 제한을 합법화하는 유일한 고려대상으로 생각한다. 따라서 살인, 강도 그리고 장난으로 만원극장에서 "불이야!"라고 외치는 것을 금지하는 법은 타인에게 해를 끼칠 우려가 있기 때문에 정당화된다. 그러나 안전벨트착용법, 헬멧착용법, 그리고 '나 자신에게 좋다는 이유에서' 내가 이것 또는 저것을 하는 것을 금지하는 다른 법들은 자유주의자의 관점에서 볼 때 나 개인의 자율성에 대한 부당한 간섭이다.

그러나 이 원칙이 어떤 예에 적용될 때 사태는 혼란스러워질 수 있다. 자살방지법에 대한 의문을 고려해보자. 만일 여기서 유일하게 피해를 당하는 사람이 자살을 저지른 당사자라면, 자유주의자의 관점에서 그러한 법은 정당화되지 못한다. 그러나 자살이 단지 당사자에게만 피해를 주는 것일까? 그 가족들은 어떨까? 친구들, 이웃들, 그리고 자살한 사람을 자신의 모범으로 생각했던 젊은이들은 어떨까?

여전히 자유주의자들의 원칙은 충분히 명료하다. 일반적으로, 그것은 '정보에 근거한 승낙(informed consent)'의 원칙 또는 '동의하는 성인(a consenting adult)'에 의해 행해진 문제가 되는 행위에 대한 몇 가지 추가적인 언급을 포함하는 다수의 단서들에 의해 바로잡아진다. 정보에 근거한 승낙의 원칙은 문제가 되는 개인이 그 결과에 대한 적절한 지식을 알고 행동하며, 그의 행위는 자발적으로 이루어진다는 두 가지 조건으로 구성된다. 스테로이드의 예를 들자면, 잠재적인 사용자들에게 스테로이드의 위험을 알리지 않는 것은 잘못된 것이다. 그리고 어떤 사람에게 스테로이드를 사용하도록 강요하는 것은 확실히 말 그대로 잘못된 것이다. 그러나 개인이 그 위험에 대해 잘 알고 있고, 그것을 사용하도록 강요받지 않았다면 그 사람은 수행향상약물을 사용하거나 사용하지 않을 자유를 지닐 수 있어야만 한다.

'동의하는 성인' 원칙의 효력은 일차적으로 아이들에게는 예외로 해야 한다. 여기에서 자유주의자들은 아이들이 위험한 행동과 선택에 대한 찬반양론을 현명하게 숙고할 수 있는 자율적이고 성숙한 사람으로 고려될 수 없다는 데 동의한다. 그러므로 아이들과 관련해서는 일종의 임시적인 온정주의를 허용한다. 그들은 결국에는 그들이 하도록 허락받게 될 것을 하려는 그들의 의지를 금지당할 수 있겠지만, 그 금지는 그들이 성인이 될 때까지만 유효하다. 다시 스테로이드의 경우를 살펴보도록 하자. 자유주의자는 스테로이드의 위험성을 충분히 통감하고 있기에 어린이들에게 그것의 사용을 금지해야만 한다는 것을 인정한다. 그러나 금지는 그 개인이 성인이 되면 철회되어야만 한다.

후자의 원칙은 때때로 '가벼운 온정주의(soft paternalism)'로 알려져 있으며, 수행향상약물과 관련된 윤리적 논쟁에서 중요한 역할을 담당한다. 가벼운 온정주의는 어린이들과 정신적으로 장애가 있는 개인들의 경우에 위험한 행동에 대한 온정적인 금지를 허용하지만 단지 일시적으로 만이라는 단서를 붙인다. 그 개인이 성숙하고 자율적인 의사결정을 할 수 있는 능력이 있다는 것을 보여주자마자(또는 보다 일반적으로 표현하자면 성인의 나이에 도달하자마자), 가벼운 온정주의는 그 개인에 대한 구속을 풀어주어야만 한다고 주장한다. 사실 가벼운 온정주의를 주창하는 사람들은 아이들로 하여금 완전한 또는 완전하게 자율적인 성인기를 안전하고 신중하게 준비할 수 있도록 하기 위해서 그와 같은 조처를 실행하는 것이라고 자신들을 정당화한다. 그래서 브라운(W. M. Brown)과 같이 가벼운 온정주의를 지지하는 자유주의자는[13] 성인에 대해서는 아니지만, 아이들에 대해서는 스테로이드나 다른 잠재적으로 위험한 약물의 금지를 주창하고 있다. 물론 이런 구분은 종종 불명확하고 애매모호하게 묘사된다. 아마도 자유주의자들은 고교선수들은 스테로이드 사용을 금지당해야만 하고, 프로 선수들은 그렇지 않아야 한다는 점에 동의할 것이다. 그러나 여러 가지 면에서 이런 논쟁의 중심에 있는 대학 선수들은 어떤가? 만일 우리가 21세의 나이라는 임의적인 결정인자를 취한다면, 그들 중 몇몇은 성인이고, 몇몇은 성인이 아니다. "네가 고학년이 되면 스테로이드를 사용해도 된다"라는 말은 정말이지 어리석게 들린다. 가벼운 온정주의적 입장을 취했다고 할지라도 여기에도 여전히 다소간의 임의적인 기준이 적용되고 있다는 점이 분명해졌다.

다른 한편으로 완고한 온정주의(hard paternalism)는 당사자의 이익을 위해 당사자 개인의 자율성에 가해지는 온정주의적인 간섭은 성숙하고, 동의하며, 정보를 제공받은 성인의 경우에는 정당화된다는 믿음을 견지하고 있다. 다시 오토바이운전자에게 헬멧착용을 강제하는 법에 대해 생각해 보자. 완고한 온정주의자는 오토바이운전자(이 경우 그가 약 30세라고 가정하자)가 헬멧이 없을 경우 머리에 가해지는 상해의 위험에 대해 충분히 알고 있다고 할지라도 머리에 닿는 공기의 느낌이 너무 좋아서 위험을 각오하고 헬멧 없이 운전하는 것을 즐긴다면 이러한 그의 행동에 대해 이의를 제기하지는 않을 것이다. 그럼에도 불구하고 완고한 온정주의자는 운전자의 이익을 위해서는 헬멧 없이 운전하는 것을 금지해야만 한다고 말할 것이다.

이런 의미에서 스포츠에서 수행향상약물에 대한 윤리적 논쟁의 철

---

13) 이에 대한 예로서 그의 논문 "Paternalism, Drugs, and the Nature of Sports," Journal of the Philosophy of Sport, Vol. XI, 1984, pp.14~22를 참고할 것.

학적 기초는 온정주의와 자유주의라는 상반된 입장에 집중되어 있다고 말할 수 있다. 당신이 인간 삶의 가장 중요한 원칙으로서 자율 또는 자유의 원칙을 강하게 내세우면 내세울수록, 그것이 행위자에게 해악의 위험을 수반할 때, 당신은 점점 더 그 자유의 한계에 부딪히게 될 것이다. 브라운처럼 이런 열의를 가진 사람은 그러한 열의의 결과를 일관되게 추구할 것이다. 그들은 스테로이드와 다른 수행향상약물에 대한 정보가 널리 알려져야 하고, 그 약물은 일반적으로 누구에게나 이용 가능해야하며, 모든 성인 개개인은 그 약물을 사용할지 안할지에 대해서 자유롭게 그리고 정보에 입각해서 결정해야만 한다고 주장한다.

이와는 반대로, 우리는 스스로 해를 당하는 것으로부터 사람들을 보호할 책임이 있다는 신념처럼, 인간 행동의 다른 원칙을 고수하는 사람들은 이런 원칙들이 때때로 자율성의 원칙(그들 또한 어느 정도는 자율성의 원칙을 존중한다)에 우선할 수 있다고 주장한다. 그들은 승리에 대한 열망에 집착해서 '능력의 한계에 도달(get an edge)'하기 위해 스스로에게 심각한 해를 입히게 되는 것으로부터 운동선수들을 보호하기 위해서 수행향상약물이 모든 사람들에게 금지되어야만 한다고 주장할 것이다. 이러한 논쟁에 대한 개인의 결정은 항상 그 사람이 위치하고 있는 두 가지 극단적인 입장에 부분적으로 의존할 것이다. 여기서 그 두 입장 가운데 한 가지는 자율성이 언제나 인간 행동의 가장 중요한 원칙이라고 믿는 완고한 자유주의자이고, 다른 한 가지는 자율성은 기껏해야 많은 원칙들 가운데 한 가지일 뿐이지 제일 중요한 원칙은 아니라고 믿는 완고한 온정주의자이다.

위에서 상술한 스테로이드를 금지하는 것에 대한 자유주의자들의 반대는 도전적인 것이다. 금지를 지지하는 사람들은 이런 반대에 대해 어떠한 종류의 반응을 보일 수 있을까? 나는 가장 일반적이고 가장 도전적인 반응 몇 가지를 설명하고자 한다. 첫 번째는 금지주의자들의 논변을 비판하기 위해 자유주의자들이 내세운 척도를 역으로 자유주의자들의 주장 자체를 비판하는 척도로 삼는 방법이다. 자유주의자들은 종종 금지주의자들이 사용하는 중심적인 개념이 애매하고 불투명하다고 비판하고 있다는 것을 상기하라. 약물이라는 것, 공정성이라는 것, 인간이라는 것, 스포츠경쟁의 이상이라는 것, 이 모두가 그 의미가 애매하기 때문에 허락되어야할 것과 허락되지 말아야할 것을 결정하는 데 도움을 주지 못한다는 이유에서 도전 받고 있다. 그러나 사용에 동의하며 사용결과에 관한 정보를 잘 알고 있는 성인들은 스테로이드를 자유롭게 사용해도 되지만 어린이들은 그 사용을 금지당해야만 한다는 '가벼운 온정주의자'의 입장을 채택한 브라운 같은 자유주의자 역시 적지 않은 임의성과 애매함을 지닌 기준을 근거로 하여 자신의 주장을 정당화하고 있다. 도대체 언제 한 개인은 참된 의미에서 스테로이드의 사용에 동의할 수 있고, 그 사용결과에 대한 정보를 잘 알고 있는 성인이 되는 것일까? 분명 금지주의자들은 어느 누구도 "21세(또는 18세, 또는 16세, 또는 나이가 어떻든 간에) 이상의 모든 사람들은 성숙하고, 지적이며, 정보에 근거하여 판단할 능력이 있다"는 임의적인 나이의 결정에 의해 속아 넘어가길 원하지 않는다고 반론을 제기할 수 있다. 그러나 어느 누구도 이 말을 믿지 않는다. 사람들이 갈망하는 목표와 자신의 건강에 대한 위험 사이의 대립과 관련된 미묘한 결정을 할 수 있는 성숙함을 정확하게 언제 갖추게 되는지의 결정은 인간이라는 것 또는 약물이라는 것 보다 결코 덜 불명확하다고는 할 수 없다. 왜 자유주의자들은 일부 애매함에 대한 호소는 거부하고, 다른 애매함에 대한 호소는 받아들이는가? 만일 애매한 구별에 대한 호소가 받아들여질 수 없다면, 자유주의자는 약물이 모든 사람, 심지어 젊은 어린이들에게도 허용되어야 한다는 것을 마음에만 담아두지 말고, 말로 표현해야 하는 것일까?

공정성의 논제와 관련하여, 공정성의 개념은 누가 경기를 하느냐보다 게임규칙의 준수를 언급한다는 브라운의 주장은 사실상 그런 구별이 일관성 있게 되어있지는 않다는 지적에 의해 반박당할 수 있다. 레슬링과 권투 경기에는 체급구분이 정착되어있다. 200파운드 선수와 150파운드 선수가 싸우는 것은 '불공정하다'고 간주되고 있다.[14] 성별 분리는 신체 크기, 근력, 속도에 프리미엄이 붙은 스포츠에서 전형적으로 실행되고 있다. 연령구분은 테니스에서부터 거리달리기에 이르기까지 많은 스포츠에 정착되어 있다. 이러한 모든 것은 누가 플레이를 해야 하고, 어떤 상황 하에서 해야 하는지를 제한하고 있다. 그러므로 스테로이드로 강화된 선수들에 대한 금지는 스포츠에서 누가 경기를 해야 하며, 어떤 조건 하에서 해야 하는지를 제한하는 유일한 예라고 하기 어렵다.

사실 이러한 답변은 많은 복잡성을 야기시킨다. 체중, 성 그리고 연령 구분의 예는 결코 개인들이 경기하는 것을 금지하는 데 봉사하는 것이 아니라, 그들을 더욱 공정하고 더욱 흥미 있는 경기를 허용하는 범주로 분류하는 데 봉사하는 것이다. 즉 200파운드 나가는 사람은 권투를 할 수 없게 만드는 것이 아니라, 그가 자신보다 더 가벼

---

14) 이러한 구별은 매우 임의적이다. 이에 대한 한 예를 들자면 농구경기에서의 키가 7피트인 선수와 5피트인 선수 간에 또는 미식축구에서 체중이 250파운드 나가는 선수와 150파운드 나가는 선수 간에 구별하는 것이 권투나 레슬링 종목에서 체급에 따라 구별하는 것보다 더 공정한 조처가 될 수는 없는 것인지 의문을 제기할 수 있다.

운 선수와 권투하는 것을 금지하는 것이다. 그들은 더욱 공정한 경기를 보장하기 위해서 체중이 비슷한 선수들끼리 경기를 하게 하는 것이다. 이와 비슷하게 우리는 수행향상약물을 사용한 선수들을 시합에 참여하지 못하게 만드는 것이 아니라 그들을 약물을 사용하지 않은 선수와는 다른 범주에 속하게 해야 한다는 것이다. 나는 실제로 이러한 조처가 일부 보디빌딩경기에서 일어나고 있다고 들었다. 이러한 보디빌딩경기에는 약물을 사용해도 되는 범주(open category)와 약물 사용을 금지하는 범주(drug-free category)가 정착되어 있다.

이것과 관련한 문제는 다소간 동일한 분리범주들을 정착시킬 수 있는 방법을 찾는 것이다. 권투와 레슬링은 체중범주와 관련해서 비교적 성공한 축에 속한다. 권투에서 헤비급은 영광스런 체급이고, 경량급 권투선수들(그리고 레슬링선수들)은 여전히 부수적인 의미밖에는 지니지 못하는 체급의 선수이기는 하다. 그러나 성별과 연령에 따라 구분하는 경우에는 거의 그렇지 않다. 여기서 여성의 스포츠와 중장년 연령의 범주는 기껏해야 2부 리그 정도의 위상밖에 지니니 못한다. 그런데 걱정되는 것은, 만일 스포츠에서 약물사용범주와 약물금지범주가 정착될 경우, 그리고 경기력이 향상된 선수들이 정말로 신체의 크기와 힘의 측면에서 이점을 지닌다면, 약물을 사용하지 않는 선수들은 사실상(de facto) 2부 리그의 위상을 부여받게 될 것이라는 점이다. 이것은 현재의 경우보다 더 나쁜 사회문제를 야기시킬 수 있다. 이 경우도 여전히 구분들이 지속적이고 임의적이지 말아야 한다는 것을 자신의 기준으로 채택했을 때 야기될 수 있는 일종의 복잡성의 멋진 예라고 할 수 있다.

자유론자의 반대에 대한 세 번째 반응은, 만인 스테로이드가 허용된다면 많은 선수들이 의도적인 사용자와 경쟁할 수 있기 위해서 그들의 의지와는 상관없이 스테로이드를 사용하도록 '강요' 받는다는 주장을 변호하고 명료화하는 것이다. 자유주의자들은 '강요'가 이 맥락에서는 과장되었다고 반론을 제기했음을 기억하라. 즉 어느 누구도 '강요당하지' 않았으며, 사람들은 항상 약물을 사용하지 않고 낮은 수준에서 경쟁할 선택권을 가지고 있다는 것이다. 예컨대 브라운은 "어느 누구도 올림픽에서 금메달을 따라고 선수들을 강요하지 않았다"[15]고 말하고 있다. 보다 정확하게 말하자면 강요가 아니라 스테로이드를 사용하라는 어떤 압박감이 선수들에게 부과된다는 것이다. 이와 같이 선수들은 그들이 저항하게 될 어떤 것이나 그들이 굴복하게 될 다른 것과 같은 모든 종류의 압박에 시달리고 있다는 것이다.

이러한 주장은 너무도 추상적이다. 브라운의 말처럼 어느 누구도 올림픽에서 금메달을 따라고 강요받지 않을 수도 있겠지만, 올림픽 메달리스트가 되기 위해 거의 매일 연습을 하느라 다른 경력을 쌓을 기회를 놓친 선수, 10년 이상의 세월을 그 계획에 전념해온 선수를 생각해보자. 그런 그가 대부분의 경쟁자들이 스테로이드를 사용하고 있고, 이를 통해 경기에서 승리를 확신할 수 있는 장점을 얻고 있음을 알게 되었다고 생각해 보자. 그 선수가 다음과 같이 자문할 수밖에 없는 상황에 처해있다는 것은 너무나도 명백하다. "나는 지난 10년 동안의 노력을 내팽개치고 새로운 경력을 쌓기 위해 새롭게 출발할 것인가, 아니면 다른 선수들과 경쟁할 수 있기 위하여 스테로이드를 복용할 것인가?" 비록 이론적으로 볼 때 이것은 당면한 선택의 문제지만, 심리적으로 볼 때 이것은 분명 강요 또는 받아들일 수밖에

15) Brown, W.M. "comments on Simon and Fraleigh," Journal of the Philosophy of sport. Vol. XI. 1984, p.35.

없는 강한 압박과 동일한 것이라고 주장되어질 수 있다.

이와는 달리 그리고 마지막 지적이 제안한 것처럼, 금지주의자들은 엄밀한 의미에서 문자 그대로의 강요가 아니라 어느 정도의 압박이 여기에서 논의되고 있다는 지적을 받아들일 수도 있다. 그러나 압박은 어떤 지점에서 강요와 충분히 다를 바 없이 될 것인가? 조금 더 일반적으로 표현하자면, 우리는 인생의 다른 부분에서처럼 운동경기에서도 여전히 무엇을 받아들일 수 있는 압박으로 간주하고 무엇을 받아들일 수 없는 압박으로 간주할지를 결정하지 말아야 하는가? 만일 한 교수가 학생에게 학점을 단념할 것인가 아니면 그 교수의 성적 취향을 허락할 것인가 하는 양자택일을 제시했다면, 우리는 학생에게 강요한 것이 아니라 기회를 준 것이라는 그 교수의 주장을 받아들일 수 없을 것이다. 운동경기에서도 마찬가지로 우리는 무엇이 받아들일 수 있는 수준의 압박이고, 무엇이 받아들일 수 없는 수준의 압박인지를 결정해야 한다. 우리는 스테로이드사용으로 건강이 피해를 입게 될 선수들에게 부과된 압박은 받아들일 수 없을 정도로 높으며, 그렇기 때문에 약물사용은 금지되어야 한다고 결정해야만 한다.

네 번째 반응은 영웅숭배의 현상과 관련이 있다. 선수들은 청소년들의 역할 모델이며, 그들에 의해 모방되어질 것이다. 그러므로 만일 선수들이 수행향상약물을 사용한다면 아이들 또한 그렇게 할 것이다. 비판가들은 운동선수들이 역할 모델이 되겠다고 요구하지 않았으며, 그런 고로 그들에게 윤리적으로 모범을 보이도록 요구하는 것은 공정하지 않다고 이의를 제기한다. 즉 어떤 경우에는 부모들 역시 역할 모델로 간주되고 있음에도 그들 역시 자신의 자녀에게 허락하지 않은 행위들을 다반사적으로 한다. 그렇다면 왜 운동선수들만 그렇게 해서는 안 되는가라고 반문을 제기할 수 있는 것이다. 이러한 반론에 대해서 또다시 그러한 논변이 너무 이론적이고, 사회 및 심리적 조건을 무시하고 있다고 답변할 수 있다. 운동경기가 대중매체의 많은 부분을 차지하고 있는 우리 문화에서 최고 수준의 운동선수들은 극도로 카리스마적인 위광을 부여받게 된다. 그들의 행위는 청소년들에 의해 모방되어질 것이고, 특히 앞으로 훌륭한 선수가 되고자 하는 젊은이들에게 그들의 경기능력향상방식과 관련하여 상당한 영향을 끼칠 것이다. 그러므로 그들이 원하던 원하지 않던, 선수들은 청소년들이 받아들일 수 있는 역할 모델로써 행동해야만할 사회적 책임을 지닌다.[16] 앞의 논변과 관련하여 말하자면 타자에 대한 이런 책임의 차원은 수행향상약물의 사용을 자제하는 것을 포함한다.

이 논쟁은 자유주의자와 온정주의자 논쟁의 핵심에 있는 보다 보편적인 논제, 즉 "우리가 견지하고 있는 개인으로서 우리 자신의 개념이란 도대체 무엇인가?"라는 논제를 불러일으킨다. 자유주의자와 온정주의자의 관점을 각각 특징짓는 두 가지 서로 다른 개념을 제안하고자 한자. 자유주의자의 입장은 우리가 '모나드론적(monadic)' 또는 '원자론적(atomistic)'이라고 부르는 인간관을 토대로 하고 있는 것 같다. 여기서 자율성에 대한 강조는 우리에게 하나의 실마리를 준다. 자율은 '자아(self) 또는 자기 자신(oneself)'의 뜻을 가진 그리스어 autos에서 왔다. 자율적인 개인은 스스로 어떤 것을 하는, 자신에 의

16) 몇몇 최정상급 선수들은 이러한 책임감을 매우 진지하게 받아들이고 있다. 나는 최근에 한 방송사가 Chicago Bull's Team의 Michael Jordan 선수와 인터뷰하는 방면을 본 적이 있다. 이 인터뷰에서 이 선수는 자신의 행위가 전국적인 관심과 모방의 대상이 된다는 사실을 깨달았기 때문에 '평범한' 사회적 및 윤리적 실수조차도 하지 말아야 한다는 강한 책임의식을 느끼고 있다고 말했다.

해 행동하는 사람이다. 이것이 독립적인, 문자 그대로의 자율적인 '모나드 또는 원자'로써 개인의 개념이다. 물론 그는 타자와도 관계하고 있지만 타자와의 관계는 개인으로서의 그에게 본질적인 것이 아니다. 이런 기준에 의하면 개인의 주된 (가장 극단적인 경우에 있어서는, 유일한) 책임은 자기 자신에 대한 것이다. 개인의 모나드론적 개념의 예는 데카르트의 유명한 '나(cogito : 인식주체)', 니체의 '초인', 에머슨과 소로우(Emerson and Thoreau)의 '자기 의존적(self-reliant)' 개인을 포함할 것이다.

다른 한편으로 온정주의자는 내가 '관계적'이라고 부르고 싶은 개인과는 상당히 다른 개념을 견지하고 있다. 이 관점에 따르면 나 자신을 사회공동체로부터 유리된 개인으로 보거나, 내가 직면한 문제를 내가 속한 세계로부터 분리하여 생각하는 것은 공허한 추상이다. 개인으로서 나는 차라리 타자와의 관계 복합체이다. 만일 내가 아버지이거나 남편이거나 교사이거나 운동선수라면, 이러한 모든 이름은 타인과의 관계양식을 나타내는 것이라고 할 수 있다. '인간의 본질은 각자 분리된 인간에 속해있는 추상이 아니다. 그 실체에 있어서 그것은 사회적 관계의 총체이다'라고 마르크스는 개인의 관계개념에 대한 고전적 성명에서 말했다.17) 또한 철학자 마틴 부버(Martin Buber)는 "나, 그 자체란 없으며 오직 근원어 나－너(I-thou)의 나와 근원어 나－그것(I-it)의 나가 있을 뿐이다"18) 라는 말로 그의 유명한 저서 『나와 너(I and Thou)』를 시작하고 있다. 이런 견해에 의하면 우리라

---

17) Marx, Karl, "Theses on Feuerbach" in The Portable karl Marx, edited by Eugene Kamenka. New York, Penguin Books, 1983, p.157.

18) Buber, Martin, I and Thou. translated by R.G. Smith. New York, Charles Scribner's Sons. 1958. p.4.

는 것은 우리가 타자와 맺고 있는 관계의 본성(nature)과 질(quality)로부터 분리될 수 없다.

관계적 개인관의 중요한 결론은 우리가 더 이상 개인을 오직 또는 우선적으로 자기 자신에만 책임을 지는 존재로 생각할 수는 없다는 것이다. 또한 인간은 말 그대로 타인에 대한 본질적인 책임을 지닌다. 그리고 그 책임은 개인으로서 인간이란 것의 일부분이다. 정확히 이런 책임이 무엇이며, 그것이 어느 정도까지 연장되어야하는지에 대해 관계주의자들 사이에 많은 논쟁이 있어왔고, 지금도 이어지고 있다. 그러나 중대한 원칙은 우리가 타자에 대한 기본적이고 피할 수 없는 책임을 지니고 있다는 것이다. 그 부분을 명확하게 하기 위해서, 자살을 하려는 친구가 있는 상황을 고려해 보자. 자유주의자가 예로서 제시한 모나드론적 개인은 "당신은 자살하려고 결정한 친구에 간섭할 필요 없으며, 그렇게 하는 것에 대한 책임도 없다"고 주장할 것이다. 사실 엄격히 말해서 그런 간섭은 정당화될 수 없을 것이다. 반면에 관계적 개인은 "당신은 친구 또는 동료인간으로서 그 개인이 자기 자신에게 돌이킬 수 없는 해를 끼치는 것을 막을 책임이 있다"고 주장할 것이다.

그런데 온정주의자는 우리는 관계적 존재이고, 그런 관계는 타자에 대한 어떤 책임을 우리에게 부여한다는 점에서 자해하려는 행동을 금지시키는 간섭은 정당하다고 주장한다. 우리는 분명 타인이 자해하려는 것을 막을 책임을 지닌 개인들 사이에서 살아가고 있다. 수행향상약물금지의 옹호자들은 분명히 이러한 개인의 개념에서 그들의 입장을 발견했다. 반면에 모나드론적 개인 개념에 더욱 치중하고 있는 자유주의자들은 그런 책임에 대해 반대할 뿐만 아니라, 타자의 자율에 대해 온정주의적으로 간섭할 수 있는 우리의 권리에 대해서도 반대하려고 한다.

당신이 수행향상약물의 금지를 지지할 것인지 아니면 개인의 자유로운 선택을 지지할 것인지는 부분적으로 당신이 견지하고 있는 개인의 개념과 밀접하게 관련된 물음이다. 왜 이 문제는 이다지도 복잡하고 어려운 것일까? 부분적이나 여기서 나는 이 문제를 그만 종결지을 것을 제안하겠다. 왜냐하면 모나드적[19] 입장과 관계적 입장 모두 다 설득력이 있고 호소력이 있기 때문이다. 어떤 의미에서는 일관성 있게 설명하기는 어렵겠지만 우리는 모나드적이고 동시에 관계적이라고 말하고 싶다. 이 말은 우리가 자율성과 자유로운 선택에 대한 개인의 권리와 타인에 대한 인간의 책임감 모두에 호소하기를 원한다는 의미이다. 이런 주장들은 때때로 긴장관계에 있기 때문에, 우리는 어렵고, 복잡하며, 미묘한 윤리적 선택들과 직면하게 되는 것이다.

스테로이드와 다른 수행향상약물의 금지에 관련된 물음은 이런 예들 가운데 하나이다. 인간생활의 다른 곳에서처럼 여기서도 우리는 모두 정당화될 수 있지만 서로 대립하고 있는 두 가지 원리들이 균형을 유지할 수 있도록 노력해야만 할 것이다. 이 경우에 있어서 우리는 타자에 대한 책임을 강조하는 관계적인 입장 보다는 여기에 반대하여 개인의 자율성을 강조하는 입장에 더 큰 가치를 부여해야만 한다. 만일 우리가 두 가지 원리를 모두 따르기를 원한다면 우리는 적당한 균형이 무엇인지를 결정해야 한다.

수행향상약물사용이 자율이라는 이름 하에서 허용될 경우에 타자

---

19) 역자 주, 단위, 통일성을 뜻하는 그리스어 monados이다. 하나이고 자기 동일적이며 영원한 형상들을 가리키기 위해 플라톤이 사용한 말이다. 이 말을 유명하게 만든 사람은 라이프니츠이다(이정우 역, 1995 : 108).

에 대한 우리의 관계적 책임을 강조하는 원리가 방치되는 것은 아닐까? 또는 약물사용이 시민적 책임이라는 이름 하에서 금지될 경우에 인간의 자율성에 대한 합법적인 요구가 짓밟혀지는 것은 아닐까? 적절한 균형이 무엇인지에 대한 우리의 결정은 우리 자신과 인간의 본질에 대한 우리의 이해에 대하여 많은 것을 말해줄 것이다. 이 오랜 논의는 만일 이 방법이냐 저 방법이냐를 결정할 때 진실로 인간적인 것(human beings)이라고 믿는 바로 그것에 다소간의 빛을 비춘다면, 성공하게 될 것이다.

그러나 인간본성의 물음을 제기하는 것은 '나는 누구인가?'라는 추상적인 또는 일반적인 수준의 물음을 제기하는 것이다. 즉 인간본질에 대한 물음은 필연적으로 자아인식에 대한 물음을 일깨우는 것이다. 자아인식은, 특히 스포츠를 사랑하는 사람들이 스포츠참가는 참가자들에게 큰 교육과 이득을 가져다준다고 정규적으로 호소하면서부터, 체육철학분야에서 오랫동안 중요한 논제가 되어왔다. 그러므로 다음 장에서는 스포츠에서 자아인식에 대한 물음을 더욱 세밀하게 살펴보도록 하겠다.

3 장

스포츠와 자아인식

조직화된 스포츠에 참가한 경력이 있는 사람이라면 대부분 중요한 경기에 앞서 코치가 하는 다음과 같은, 다소간의 훈계를 포함하고 있는 격려의 말을 기억할 것이다. "제군들은 오늘밤 진정한 자신의 모습을 발견하게 될 것이다" 또는 "오늘 여러분은 자신이 어떤 종류의 인간인지 알게 될 것이다" 이 말들은 단순한 격려적인 차원을 넘어서 어떤 진실을 담고 있는 것처럼 들린다. 운동경기가 자아인식의 기회가 될 수 있다는 주장은 자주 거론되어 왔으며, 또한 매우 설득력 있게 들린다. 스포츠가 자아인식의 기회가 될 수 있는 이유는 그것의 구조가 다양하고, 형식이 조직화되어 있기 때문이다. 스포츠경기는 일반적으로 신체 및 정신 활동 모두를 요구하기 때문에, 여기에는 전인(whole person)이 관여하게 된다. 우리가 스포츠경기에서 우리 자신을 예비로 남겨두는 경우, 즉 전심전력을 다하지 않는 경우는 거의 없다. 경쟁의 강도가 높을수록, 경기자의 열정과 자부심이 강할수록 참여자의 용기, 스포츠맨십, 비겁함, 상대를 속이려는 마음 등이 더 잘 표출된다.

사실 치열하게 전개되는 스포츠경기는 격렬하고 열정적이며, 공적인 전쟁 같은 활동과 같이 우리가 어떤 종류의 인간인지, 즉 용기 있는 인간인지, 너그러운 인간인지, 또는 정직한 인간인지를 명백하게 드러내준다. 더욱이 앞 장에서 보았듯이 대부분의 스포츠종목의 경쟁적 구조는 우리를 다른 사람을 속이려는 의도에서부터 해치려는 의도에 이르기까지의 다양한 윤리적 문제들에 직면하게 만든다. 바로 그러한 본성과 구조로 인하여 스포츠는 당사자 자신에게 조차도 항상 명확하게 인식되지 않는 자신의 인간적 자질을 겉으로 드러내준다는 점에서 자아인식의 계기가 될 수 있다. 이 장에서 우리는 스포츠에 의해 드러내지는 것으로 간주되고 있는 자아인식의 형태에는 어떤 것들이 있으며, 여기서 드러나는 자아인식의 종류에는 어떤 것들이 있는지 검토해보고자 한다.

정신분석의 자아인식

최소한 우리 문화에서 가장 상식적으로 의미에서의 '자아인식'은 정신분석학적 의미의 자아인식일 것이다. 우리는 우리가 수행하기로 선택한 특정한 스포츠종목과 우리가 이 스포츠종목에 관여하는 방식, 두 가지 모두를 검토해보면 우리 자신에 대해 보다 많은 정보를 얻게 될 것이다. 최소한 정신분석가로 잘 알려진 아놀드 바이저(Arnold Beisser)는 정신적으로 문제가 있는 운동선수들의 치료와 관련하여 특별한 어떤 것을 만들어냈다. 그의 저서 『스포츠의 광기(The Madness in Sport)』는 그가 이러한 실례들이 드러났다고 주장하는 다수의 사례들을 제시하고 있으며, 이러한 사례로부터 보편적인 미국인의 스포츠 심리에 관한 많은 결론을 도출해내고 있다.[1]

바이저는 사람들이 선택한 스포츠종목과 그들이 스포츠에 관여하는 방식에 관심을 기울인 결과 환자들의 병리학에 관해 많은 것을 배울 수 있었다고 말했다. 예컨대 '너무 잘 경기를 수행한 소년(The Boy Who Played the Game Too Well)'이라는 제목이 붙은 한 사례연구에서 그는 선수들의 '경기를 잘 하려고 하고(passing off)', 훌륭한 팀 구성원이 되려고 하는 상상적 강박관념이 어떻게 병리학적인 요소로 작용하는지 보여주었다. 바이저는 생활의 모든 국면에서 갈등을 야기하는 자율성과 '자기 자신'에 대한 깊은 공포감이 선수들의 내면에 잠재해 있음을 증명하였다.[2] 다른 사례에서 그는 스포츠여가활동으로 골프를 선택한 환자의 행위는 타인에 의존하지 않고 자기 힘만으로 경쟁적인 상황에 직면하여 상대선수를 쳐부술 기회를 갖고 싶어 하는 욕구와 초년 시절 그에게 두려움을 가르쳐준 육체적 격돌과 폭력을 회피하려는 욕구를 드러내준다고 하였다.[3]

대부분 심리학적 사례연구의 경우처럼 바이저의 분석은 제안적이며, 설득력 있고, 때때로 도발적이다. 물론 그의 연구는 정신적인 어려움이 병적으로 되어버린 사람들만을 분석의 대상으로 삼았다. 그러나 만일 스포츠선택과 스포츠에의 관여방식이 확인할 수 있는 정신적 질병을 지닌 사람들에 대해 유익한 정보를 제공해준다면, 이것은 원칙적으로 모든 사람들에 대해서도 똑같이 유익한 정보를 제공해주지는 않을까? 그 가설을 계속 진행하자면, 우리는 바이저가 착수한 특별한 연구사례가 아니라 그가 채택한 분석의 범주들, 스포츠에 대

1) Beisser, Arnold, The Madness in Sport. Bowie, Md., Charles Press Publishers, 1977.

2) Ibid, Chapter3, "The Boy Who Played the Game Too Well."

3) Ibid, Chapter9, "A Case of Strength Through Sports."

한 그 어떤 사람의 관여에도 적용할 수 있는 범주들을 눈여겨보아야 할 것이다. 이 범주들은 사람들이 선택한 스포츠 유형의 의미와 그들이 선택한 스포츠에 관여하는 방식의 의미라는 두 가지 일반적인 종류로 나누어지는 것 같다.

먼저 스포츠를 선택하는 사람들의 사회적 위상이라고 부르는 것을 고려해보자. 당신은 재정적으로 어려움을 겪고 있는 가난한 가정 출신이고, 당신이 좋아하는 스포츠는 폴로, 골프, 스쿼시라고 가정해보자. 이것은 도대체 무엇을 의미할까? 이것은 당신이 자신의 궁핍한 배경을 부인하기 위해 기울이는 처절한 노력의 부분적 징표일까? 그렇지 않으면 그와 같은 배경의 사회적 한계를 초월하려는 건강한 능력을 나타내는 것일까? 반대로 당신이 부유한 집안 출신이고, 똑같은 스포츠를 선택했다고 가정하자. 그것은 당신이 당신의 사회적 계층과 그 제한에 너무나 강력하게 얽매여 있어서 그로부터 자유롭게 벗어날 수 없다는 것을 의미하는가? 또는 당신이 당신의 계급적 위상과 그것이 의미하는 것에 익숙해져 있다는 건강한 징표를 나타내주는 것일까? 또는 당신은 궁핍한 배경을 가진 아프리카계 미국인이고, 선호하는 스포츠가 권투와 농구라고 가정해보자. 당신이 똑같은 스포츠를 선택한 부유한 사람이라고 가정해도 좋다. 마지막으로, 당신이 선택한 스포츠가 사회적 신분을 나타낸다고 가정해보자. 당신은 "농구와 골프를 즐긴다"라고 말할 것이다. 이것은 자신이 속한 사회적 신분에 적절한 활동에 대한 당신의 혼동을 나타내는 것인가 아니면 사회적 맥락에 의해 제한 받고 있는 것에 대한 당신의 건전한 거절을 나타내는 것인가?

각 경우에서 당신이 만든 특정한 스포츠의 선택이 자동적으로 이러한 물음들에 대한 답변을 주지 않는다는 점에 주의하라. 이 물음들은 연루된 각 개인에 의해 개별적으로 대답되어져야만 한다. 차라리 스포츠선택의 사회적 위상에 관한 성찰은 이와 관련된 선택의 의미와 중요성의 물음을 제기하게 한다. 그런데 우리는 여기에서 "나는 누구인가?"라는 물음에 대한 대답을 발견하기위한 심리학적 '계산'이 아니라 오히려 자아인식으로 이끌어갈 수 있는 이러한 물음을 제기하는 틀을 가진다. 우리는 이점이 다른 분석 범주에서도 동일하게 타당성을 지닌 다는 것을 깨달아야만 한다.

두 번째 범주로서 개인 스포츠와 반대되는 팀 스포츠를 고려해 보자. 당신이 선호하는 스포츠가 축구, 농구, 라크로스처럼 모두 팀 스포츠라고 가정하자. 이것은 당신의 입장에서 볼 때 '관계성'에 대한 건강한 생각, 즉 다른 선수들과 협동하려는, 심지어는 다른 선수들 손에 부분적이나마 당신의 운명을 맡기려는 의지를 나타내는 것인가? 그렇지 않으면 위에서 언급한 '너무 잘 경기를 수행한 소년(The Boy Who Played the Game Too Well)'에서처럼 타자에 대한 병적인 의존과 자기 자신의 존재, 자신과 자신의 운명에 대한 책임을 받아들이는 것에 대한 걱정을 드러내는 것인가? 다시 당신이 개인스포츠를 선택했다고 가정하자. 당신은 테니스(복식보다 단식을 더욱 좋아한다)와 골프를 하고, 때때로 혼자서 10km 달리기를 한다고 가정하자. 이것은 당신의 입장에서 볼 때 자신의 운명을 자신이 책임지는 강한 독립적 성향을 나타낸다고 할 수 있다. 그러나 이것은 또한 과도하게 모나드적인(monadic) 개성, 즉 타자를 신뢰하거나 많은 사람들과 성공과 실패를 공유해야만 하는 일에서 그들과 협동하려는 의지와 능력이 없는 성격을 드러내준다고 할 수도 있다. 마지막으로, 당신이 개인스포츠와 팀 스포츠 둘 다를 즐긴다고 가정하자. 이것은 좋은 균형적 성격을 나타내는가 아니면 우유부단한 혼란스런 성격을 나타내는가? 또다시 우리는 이 범주가 해답이 아니라 물음들, 즉 개인적으로 그리고 정직하게 답변되어질 때 자아인식으로 이끌어갈 수도 있는 물음들을 불러일으킨다는 것을 깨달았다.

세 번째 범주는 경쟁적 스포츠 대 비경쟁적 스포츠에 대해 언급하고 있다. 당신은 조깅, 크로스컨트리 스키, 수영 등을 즐기지만, 결코 경기에 참가 할 생각은 없다고 가정하자. 이것은 지속적으로 '자신을 증명해보이거나', '어떤 사람을 패배시킬' 필요가 없는 건전한 자신감의 표현인가 아니면 도전하고, 패배하고, '자신을 한계로 몰고 가는 것'에 대한 두려움을 나타내는 것인가? 또는 어떤 사람이 당신에게 원반던지기, 조깅, 낚시를 가라고 요구했을 때, 만일 그런 활동이 경기 또는 시합으로 전환될 수 없다면 당신은 크게 지루함을 느끼겠는가? 또다시 경쟁적인 상황으로 들어가고자 하는 당신의 의지 또는 의지 없음은 당신 자신에 대해 어떤 것을 말해줄 수 있다. 경쟁하는 것을 즐거워하는 성격을 타인을 지배하고자 하는 욕망이나 소외상황을 만들어내는 것을 좋아하는 성향과 동일시해도 좋을까? 경쟁하기를 싫어하는 것은 지는 것에 대한, 또는 소외를 일으킬 수 있는 상황에 대한 병리적인 두려움을 나타내는 것인가?

다음으로 소위 접촉스포츠와 비접촉 스포츠의 차이를 고려해보자. 타인과의 접촉스포츠를 선호하는 성향은 자신과 타자의 신체에 대한 긍정적인 생각과 신체적 접촉을 기꺼워하는 경향을 나타낸다고 할 수도 있지만 다른 한편으로는 타자를 육체적으로 지배하고, 심지어는 해를 끼치려는 불안정하게 통제된 욕구를 나타낼 수도 있다. 남과 접촉하는 스포츠에 참가하는 것을 싫어하는 것은 신체적 접촉행위에 대한 두려움 또는 다른 이를 신체적으로 지배하려는 욕구의 부재를 나타낼 수 있다. 나는 한때 한 소년을 목격할 기회가 있었는 데, 그

소년은 정신분열증 에피소드로부터 고통을 받고 있었고, 다른 선수와 신체적인 접촉 없이 그럭저럭 농구 게임을 하고 있었다. 정말로 놀랍고, 기괴한 사건이었다.

접촉스포츠 대 비접촉 스포츠의 논제는 그와 관련된 또 다른 논제를 부각시켜준다. 지금까지처럼 지금도 여전히 북유럽인의 구속에 의해 지배되고 있는 우리 문화에서 특히 남성들 간에 일상적으로 이루어지고 있는 신체적 접촉은 악수와 같이 엄격한 관습 내에서만 허용되고 있다. 명백하게 공적으로 드러나는 감정의 표현은 눈살을 찌푸리게 한다. 그러나 스포츠상황의 관습들은 이러한 금지에 대한, 흥미롭고 생각을 자극하는 대비를 나타내고 있다. 스포츠는 남자들에게 그들이 자유롭게 그리고 공공연하게 신체적 영향을 표현할 수 있는 여러 장 중에서 한 가지를 제공한다. 우리는 스포츠에서 꼭 껴안고, 키스하고, 서로의 엉덩이를 가볍게 치는 남자선수들을 본다. 이런 모든 것들은 사회범주에서는 만일 놀라지 않으면 곤혹으로 보일 것이다. 우리는 또한 다음과 같이 묻는다. 더욱 자연적인 상황이 무엇이며, 어떤 관습이 더욱 널리 보급될 것인가?

마지막 범주와 관련해서 남녀통합교육 스포츠참가에 대한 사람들의 선호와 기피는 사람들의 성적 태도에 대한 중요한 통찰을 제공해 줄 수 있다. 여기서 이 상황은 남자와 여자 간에 있어서 상당한 차이가 나타난다. 바이저는 훌륭한 여자 테니스 선수의 경우를 상세히 설명하고 있다. 물론 그렇게 극단적이지는 않지만 적지 않은 우수한 여자 선수들 역시 이러한 경우를 경험했을 것이다. 바이저의 연구에서, '수잔(Susan)'은 그녀의 남자친구와 테니스경기를 하는 것을 꺼려했다. 왜냐하면, 그것은 그녀를 불편한 이중적 고통에 시달리게 만들었기 때문이다. 한편으로 그녀는 고의로 경기를 소홀히 하여 경기에서 그녀의 남자친구에게 질 수 있다. 그렇게 함으로서 그녀는 상처받기 쉬운 그녀 남자친구의 남성적 자존심을 지켜줄 수 있을 것이다. 그러나 그녀의 마음 속 깊숙이 있는 그에 대한 존경심은 사라질 것이다. 또한 그녀는 능력을 십분 발휘하여 그를 이길 수도 있다. 그러나 그렇게 되면 그 남자친구의 남성적 정체성과 그녀 자신의 여성다움이 위협받게 될 것이다. "그러나 그는 나를 많은 여자들 가운데 하나라고 생각하지는 않을 것이다. 아마 그는 나를 남성역할을 하는 레즈비언이라고 생각할 것이다."[4)]

반대로 많은 남성들은 여자선수들, 특히 능숙한 여자선수들에 대항해서 경기하는 것을 불편하게 생각할 것이다. 여기에서 특히 문제가 되는 것은 패배의 가능성이다. 이런 상황에 직면했을 때 많은 남성들은 장난 비슷하게 경기에 임함으로서 진정한 격돌을 회피하곤 하며, 그들이 진지하게 경기에 임하지 않았다는 점을 명확히 함으로써 여자에게 패배했을 때 상처받을지도 모를 그들의 자존심을 보호하려고 한다.

스포츠에서 남자를 이기기 위해 선의의 경쟁을 하는 여자의 측면에서 그리고 여자에게 패배할 가능성에 직면한 남자의 측면에서 이러한 꺼려함을 어떻게 설명할 수 있을까? 왜 경기에 있어서 남자를 이기는 것이 여자를 이기는 것보다 더 문제시되는가? 또는 여자에게 지는 것이 남자에게 지는 것보다 더 나쁜가? 이런 맥락에서 스포츠에서의 승리와 패배는 당면한 사람들의 성적 정체성 및 용기 등의 의미를 내포하게 된다. 우선적으로 이러한 결합의 객관적 불합리성을 인식할 필요가 있지만(아마도 적절한 성적 파트너로 인식된 사람은 아

4) Ibid, Chapter6, "On Being a Woman and An Athlete." 특히 p.77을 볼 것

무리 테니스를 잘 해도 그 능력을 인정받기는 쉽지 않다.), 왜 이러한 결합이 그렇게 널리 퍼지게 되었는지에 대한 의문은 여전히 남아 있다.

한 가지 가능성을 승리와 패배가 성적 지배의 상징으로써 여겨진다는 것이다. 매우 광범위하게 남성은 지배와 연관되고, 여성은 복종과 연관되는 문화에서, 스포츠에서의 승리와 패배가 비록 객관적으로 불합리하지만, 강력한 성적 의미를 가질 수 있다는 점을 이해할 수 있을 것이다. 이것이 그런 결합을 입증해주지는 못하며, 오히려 그 반대이다. 스포츠에서 승리와 패배를 성적 정체성과 결합시키는 것은 불합리하다는 인식은 결국 남성은 지배, 여성은 복종과 결합시키는 것도 불합리하다는 인식으로 이끌어 간다.

이미 언급되었어야할 스포츠의 선택과 관련된 다른 범주들도 있지만 나는 그 목록을 철저하게 작성할 마음은 없다. 예를 들어 비관람 스포츠와 비교하여 관람스포츠의 의미를 생각해 볼 수 있고, 기술이나 지능이 중요한 스포츠와 비교하여 야만적인 근력이나 등치가 중요한 스포츠의 의미를 물을 수도 있다. 이런 모든 범주들은 우리가 원칙적으로 자아인식의 기회가 될 수 있는 우리의 선택의 의미와 중요성에 관한 이와 같은 물음들을 제기할 수 있게 해준다.

심리학적으로 정보가 될 수 있는 논제의 두 번째 유형은 선택된 특정한 스포츠가 아니라 그러한 스포츠에 몰입하는 사람들의 유형에 대한 언급이다. 슛은 하지 않고 기량을 선보이는 데만 과도하게 몰두하고 있는 농구선수 또는 내가 경험한 바 있는 다른 선수와 신체접촉을 하지 않으려는 선수를 인용한 바이저의 예는 이런 스포츠 범주에 대한 좋은 예이다. 철저를 기해야만 한다는 부담 없이 다른 예를 몇 가지 들어보도록 하자. 사실상, 자신의 스포츠 참여에 대한 신중한 성찰은 각자의 사례에서 자아인식으로 이끄는 두드러진 범주들을 발견하도록 하게 해준다.

우리들 대부분은 '가난한 패배자'를 알고 있다. 그들은 그들 자신의 개인적인 가치의 문제를 특정한 게임에서의 패배와 분리시키지 못하며, 그런 이유에서 패배에 과도하게 반응하는 사람들이다. 역으로 우아하게 승리할 수 없는 사람들, 즉 승리를 혼자서만 흡족해 하고 게임에서 패배한 사람들을 비난하는 사람들도 있다. 이런 것들은 분명히 성격의 특성을 나타내고 있다. 이와 같은 경우는 결정적인 경기 또는 결정적인 순간에 항상 최선을 다해 경기에 임하는 '찬스에 강한 선수(clutch player)'로 잘 알려진 사례에서 사실로 나타나고 있다. 반대로 일반적으로는 훌륭한 선수이지만 결정적인 경기 또는 결정적인 순간에 실수를 저지르는 '찬스에 약한 선수(folds in the clutsh)'의 경우에도 그렇다. 상대선수 또는 상대팀으로부터 소외를 당했을 때, 또는 그들이 이성을 잃었을 때, 최선을 다하는 선수와 이와는 반대로 소외가 일어났을 때, 그러한 상황에 주눅이 들어 최고의 수준을 발휘하지 못하는 선수의 차이를 고려해 보자. 두 경우 모두 우리 자신에 대해 많은 정보를 제공해 준다.

많은 다른 사례들이 이런 점에 관해서 이름 붙여질 수 있다. '부상당하기 쉬운' 선수의 현상은 과거 몇 년 동안 운동 트레이너로부터 상당한 관심을 받아왔다. 부상을 당하는 특정한 선수들과 부상을 당했을 때 놀라운 속도로 회복하는 선수들에게서 통계적으로 어떤 비정상적 성향이 발견되고 있다. 이러한 성향에 심리적인 요소들이 개입하고 있을까? 팀스포츠를 하면서 마치 경기장에 자기 혼자만 있는 것처럼 경기를 하는 사람이나 농구를 선택한 매우 키가 작은 선수 또는 체조경기에 참가한 키 크고 꾸물거리는 선수처럼 신체적으로 적합하지 않은 스포츠에 참여하는 이기적인 선수의 사례 또한 고려할 필요가 있다. 이와 같은 모든 범주들은 또다시 우리 자신에 관해 의미 있는 어떤 것을 배우도록 이끄는 우리의 스포츠몰입에 관한 일종의 의문들을 제기할 수 있도록 해준다.

선과 자아인식

자아인식에 대한 이러한 '정신 분석학적' 양식은 자아인식의 유일한 양식도 아니며, 스포츠를 위해 요구되어지는 것도 아니다. 최근 들어 스포츠공동체내에서 '극정 체험[peak experiences이 용어는 심리학자 어빙 매슬로우(Irving Mazlow)로부터 인용된 것임]'이라고 알려진 현상에 대한 관심의 물결이 널리 퍼져나가고 있다. 다음으로 그것은 스포츠 경험에 대한 아시아인들의 생각과 결부되어 폭 넓은 관심의 대상이 되었다. 후자의 관심은 아마도 선불교라는 종교에 집중되었다. 특히 오이겐 헤리겔(Eugen Herrigel)의 독창적인 연구물인 『궁술에서의 선(Zen in the Art of Archery)』[5]은 스포츠를 좋아하는 공동체를 위해 대중화되었다. 일반적으로 대부분의 서점 '스포츠' 섹션에는 선테니스, 선축구, 선달리기 등의 제목이 붙은 책들이 대여섯 권 정도 꽂혀있다. 이 모든 책자들의 근원은 이 분야에 최초로 진출한 헤리겔의 저서이다. 우리는 헤리겔의 통찰력에 주의를 집중하여 '극정체험' 현상을 스포츠에 관한 선의 견지에서 간략히 살펴보고, 양자의 유사성과 차이점을 알아볼 것이다.

매슬로우에 의해 만들어진 용어 '극정체험'은 특별한 긴장, 의미,

5) Herrigel, Eugen, Zen in the art of Archery. New York, Vintage Books, 1971.

그리고 성취 중 하나로서, 우연히 도달하게 된 강력한 심리적 상태를 의미한다. 이 상태에서 사람들은 주어진 활동 또는 경험에 완전히 몰두해서 모든 것의 존재가 희미해지며, 일반적으로 수행하기가 매우 어렵거나 단지 큰 노력을 기울일 경우에만 비로소 성취할 수 있는 활동이 아무런 노력 없이 부드럽게 발생하는 것처럼 느끼게 된다. 그러한 체험은 사랑이나 우정 또는 어려운 협동적 활동 가운데 하나가 될 수 있다. 이 용어는 스포츠 영역에서 빠르게 인기를 얻었으며, 거기에는 좋은 이유가 있는 듯하다.

많은 유능한 선수들은 제 각각의 스포츠에서 이와 비슷한 체험을 해왔다. 미식축구에서 롱패스하기라든가 테니스에서 특정한 지점에 정확하게 공을 쳐서 넘기기 또는 농구에서 정확하게 슛하기 등과 같이 일반적으로 어렵다고 간주되는 활동들이 갑자기 쉽게 그리고 큰 노력 없이 이루어지는 경우가 그 전형적인 예이다. 상대편 선수나 마음대로 되지 않는 대상과 같이 자신의 성공을 가로막는 방해물들이 순순히 극복되고, 이를 위해 아무런 생각도 필요 없게 된다. 활동이 마치 느린 동작으로 이루어지는 것처럼 때때로 시간이 천천히 흐르는 것 같이 느껴지기도 한다. 절대적인 자신감이 선수의 의식에 충만해지며, 그 또는 그녀(선수)는 공을 제대로 치게 될 것이라는 점 또는 슈팅을 정확하게 할 것이라는 점을 알게 된다. 스포츠에서 이러한 현상에 관한 선구적인 연구자 가운데 한 사람인 케네스 라비자(Kenneth Ravizza)는 극정체험을 경험한 많은 운동선수들을 인터뷰하였고, 그들은 모두 다음의 축구선수가 경험한 바와 같은 내용을 언급하였다고 말하였다. "모든 것이 좋았으며, 모든 것이 잘 이루어졌고, 모든 것이 시도될 수 있었으며, 나를 방해하는 것은 아무 것도 없었다."[6] 위대한 축구선수였던 펠레(Pele)는 다음과 같이 그런 체험에 대한 강력한 설명을 제공해 주었다.

> 그것은 행복감의 한 형태였다. 나는 지치지 않고 하루 종일 달릴 수 있는 것 같았고, 어떤 팀이든 또는 어떤 선수든 모두 제치고 공을 몰 수 있을 것 같았으며, 그들 몸 사이로 정확하게 패스할 수 있을 것 같았다. 나는 절대로 부상당하지 않을 것 같았다. 그것은 지금까지 한 번도 경험해보지 못했던 이상한 느낌이었다.[7)]

극정체험(peak experiences)에 대한 주목할 만한 다른 특질이 있다. 그것은 초보자에게는 나타나지 않는다는 점이다. 극정체험은 전형적으로 긴 시간 심지어는 수년간 쌓아올린 실천과 성취의 정점이다. 처음으로 스키를 타는 사람이나 처음으로 5마일을 달리는 사람이 극정체험을 경험하기는 어렵다. 사실 저절로 이루어지는 듯한 느낌을 주는 이러한 체험의 한 가지 특징은 수행된 특정한 활동이 '생각 없이(without thinking)' 이루어진다는 것이다. 대부분의 노련한 선수들은 그들의 능력에 있어서의 전환, 즉 테니스 라켓의 스윙이나 농구의 슈팅 같이 수행된 행위가 점진적으로 인지적인 활동(내가 라켓을 제대로 쥐고 있는지, 나의 팔꿈치는 제대로 접혀졌는지, 내 눈은 공을 제대로 주시하고 있는지 등)의 단계에서 행위가 '생각 없이 일어나는' 단계로 전환하는 것을 경험하고 있다. 실제로 많은 코치들은 특정한

---

6) Ravizza, Kenneth, "A Subjective Study of the Athlete's Greatest Moment in Sport," paper presented at Mouvement, Actes du 7 symposium en apprentissage psycho-moteur et psychologie du aport, Octobre, 1975, Quebec, Canada, p.402.

7) 이 인용문의 출처는 다음과 같다. Shainberg, Lawrence, "Finding the 'Zone' ", New york Times Sunday Magazine, April 9, 1989, p.35.

기술을 숙달하기 위해 고군분투하고 있는 초보 선수들을 지켜 본 후에 다음과 같이 훈계하곤 한다. '생각하지 말고, 그냥 해라!'

노련한 선수들에게만 가능한 이러한 경험은 현대 인식론자들이 연구하게 될 인간의 인지 및 지식과 관련된 많은 논제들을 함축하고 있다. 유능한 선수들에게 관찰되는 운동수행방식의 전환, 즉 명시적이며 점진적인 인식적 활동에서 자동적이며 직관적으로 수행되는 활동으로의 전환은 어떻게 이루어지는 것일까? 정말로 이 활동은 생각 없이 이루어지는 것일까? 그렇지 않으면 이러한 인지적 활동은 다소간 의식적인 수준에서 무의식적이고 본능적인 수준(정신에서 근육과 뼈의 수준)으로 전환되는 것일까?

아마도 이것은 인지적 활동의 다른 양식인 것 같다. 이러한 경험의 묘사에서 선수들은 대개 그 경험을 매우 높은 수준의 의식과 반응성(그렇지만 '처음에는 이렇게 하고 나중에는 저렇게 하는' 방식으로 계속해서 변화하는 의식과 반응성은 아님)이 관계하고 있는 것으로 특징짓고 있다. 선수들은 특히 일어나고 있는 것이 무엇이든 간에 그것에 열려있고, 의식하고 있으며, 반응할 수 있는 것으로 느낀다. 그래서 그것은 문자 그대로 무의식적인 것의 경험이 아니라(비록 더 좋은 단어가 없어서 그렇게 묘사할 지라도), 질적으로 다른 종류의 수준 높은 의식이다. 그렇다면 그것은 어떤 종류의 의식인가?[8)]

위의 노력이 제시한 것처럼, '극정체험'에 대해 언급하는 것이 그것을 정확하고 세밀하게 분석하는 것보다 더욱 쉽다. 그럼에도 불구

---

8) 최근 들어 이와 같은 경험을 생리학적으로 설명하려는 노력이 기울여지고 있다. 이러한 연구의 설명은 매우 바람직하다고 할 수 있다. New York Times Magazine article, Shainberg, op. cit., p.34 ff.를 볼 것.

하고 그러한 경험을 상기할 때 대부분의 선수들은 그들 자신의 경험에서 반향을 발견한다. '극정체험'은 선수의 인생에 활기를 주는 순간이다. 그러나 흥미롭게도 그것은 의도적으로 그 상태에 도달할 수 있다는 의미에서 '통제 가능한 것(controllable)'은 아니다. 의심할 바 없이 우리는 오랜 시간동안 연습하거나 정신적으로 준비함으로서 그런 가능성에 '열려지도록' 예비할 수 있다. 그러나 그것들은 문자 그대로 '의지'의 문제가 아니다. 이런 이유에서 그러한 경험과 관련된 다소간의 신비적인 요소가 있는 것 같다. 그리고 이것은 선(禪) 체험과 연결하여 설명되어야 할 부분이다.

나는 지난 수년간 약 50명 정도의 학생선수들이 참여하는 '스포츠 철학'이라고 명명된 과목을 가르쳐왔다. 위에서와 같이 다소간 극정체험의 개념을 소개한 후에 나는 학생들에게 얼마나 많은 학생들이 극정체험을 경험했다고 말할 수 있는지를 물었다. 통상적으로 대부분의 학생들이 그와 같은 경험을 한 적이 있다고 답변했다. 계속해서 나는 또다시 얼마나 많은 학생이 '신비스러운 경험'을 했냐고 물었다. 기껏해야 한두 명 정도가 손을 들었다. 서양에서는 특히 비범하거나 기묘한 것 또는 때에 따라 모든 사람들에게는 접근 불가능하지만 소수에게는 그 비밀이 열린다는 의미에서 '신비스러운 경험'이라는 개념이 발산하는 독특한 위광이 있는 것 같다. 분명히 나의 학생들 대부분은 그들 모두가 경험한 바 있는 극정체험이 그들 중 어느 누구도 경험하지 못한 것으로 가정하고 있는 신비스러운 경험과는 사뭇 다른 것이라는 생각을 견지하고 있는 듯하다. 그렇다면 그 차이는 무엇일까?『궁술에서의 선』에서 헤리겔이 설명하는 선(禪) 경험으로 돌아가서 이 문제를 검토해보도록 하자.

서양인들은 선이라는 개념에 선 듯 다가가기가 어렵다. 이 개념은 사람들의 접근을 어렵게 하는 묘한 위광을 발산하기 때문이다. 왜 이러한 현상이 발생하는 것일까? 그 이유 가운데 한 가지는 분명 그것이 영어로 번역되면서 그 운동이 과장되었다는 데서 찾아질 수 있다. 예를 들어 헤리겔의 작품에서, 우리는 '자아 망각'과 '자아 부정'을 성취하기 위해서는 '무의식적'이 되어야 할 필요가 있다는 말을 듣게 된다. 또한 선의 달인이 되었을 때 우리는 '기술 없는 기술(또는 자연 그대로의 기술 artless art)'을 성취하게 되며, 선의 경험에서 '이름붙일 수 없는 무근거(Groundlessness) 및 무질(Qualitylessness) - 그뿐만 아니라 그것과 하나가 되는 - '[9]와 결합하게 된다. 이런 것들을 쉽게 이해할 수 있게 해주는 용어는 없다. 바로 이와 같은 불투명한 용어들로 인하여 이러한 경험들이 특별하고, 독특하며, '신비스러운' 것으로 되어가는 것은 아닐까? 또는 그것들이 많은 선수들이 경험한 극정체험과 여러 가지 방식에서 유사한 경험에 접근하지 못하도록 만드는 것은 아닐까? 나는 후자의 논쟁에 대해 이야기되어야 할 것이 많다고 생각한다.

오이겐 헤리겔(Eugen Herrigel)은 선 사범인 겐쪼 아와(Kenzo Awa)의 문하에서 6년 동안 궁술의 선을 연구하였다.[10] 그는 '서구의' 청중들에게 처음으로 직접 그러한 체험에 대한 설명을 제공해 주었다.

---

9) Herrigel, op. cit., p.22.

10) 사람들은 많은 시간을 보냈다는 그의 설명(op. cit., p.27 ff.)을 다소 과장적으로 받아들이며 그 결과 오해가 생겨날 수도 있다. "그는 육년 동안 거의 매일 궁술을 연구했대! 와 대단하다!" 사람들은 이 말을 듣고 경이로워 한다. 그러면 나는 자신이 선택한 스포츠종목을 6년 보다 적게 수련한 사람이 혹시 있는지 내 학생들에게 묻곤 한다. 그러면 이 설명의 신비성은 다소간 상실되어진다.

잘 알려진 선 스승인 스즈키(D. T. Suzuki)의 말로 시작하고 있는 서문에서 우리는 '무의식적으로' 되는 것, 즉 우리의 생각이 우리의 무의식의 깊이를 더 이상 방해하지 않는 지점에 도달하는 것의 중요성을 직접적으로 알게 되었다. "우리가 생각하고, 심사숙고하고, 개념화하자마자, 본래의 무의식은 사라지고 생각이 방해를 한다."[11] 우리가 말하는 '어린이 같은' 무의식의 상태는 '수년 간에 걸친 자신을 잊는 기술의 연마'[12] 후에나 성취되거나 손에 넣을 수 있다.

앞서 언급했던 것처럼, '무의식'이나 '자아 망각' 같은 단어는 특이한, 심지어는 괴상하기조차 한 경험을 흐릿하게 만드는 것처럼 보인다. 또는 그것은 차라리 위에 기술된 경기경험 같은 어떤 것, 즉 '오랜 세월동안의 훈련' 후에 그 선수가 갈망하는 기술의 각 측면에 대해 생각하는 단계로부터 점차적으로 그 행위가 명시적이고, 분석적인, 인지적 활동 없이도 '나타나는(just comes)' 단계로까지 발달하는 것에 대한 언급일까? 사실 한 선수가 이런 '극정체험'의 사례 중 한 경우를 경험했을 때, 비록 우리가 '비범한' 신비스러운 경험에 대해 거의 언급하지는 않더라도, 그 선수가 '무의식적인' 상태에 있다고 말하는 것은 아무런 가치가 없다. 아마도 '무의식적'이란 단어는 (그 용어를 프로이드의 이론과 연결시키는 것이 지배적인 문화에서는 특히) 비밀스러운 현상이 아니라 보다 표준적이고, '분석적인' 양식과는 다른 양식의 인식을 통해서만 접근 가능한 경험을 지칭하는 불행한 용어인 것이다.

위의 인용문에서 또한 스즈키(Suzuki)에 의해 소개된 '자아 망각'이

11) Ibid, p.11.

12) Ibid.

라는 용어는 헤리겔(Herrigel)의 설명에서 중요한 역할을 담당하고 있다. 이러한 관점에서 '자아'는 근본적으로 부정적인 어떤 것이며, 떨쳐 버려야 할 어떤 것이다. 우리가 말한 선에서 중요한 것은 다음과 같다.

> … 그들이 여전히 '그(his)'로 남아 있는 한 그의 경험들, 그의 획득물들과 정신적인 전환은 모든 '그(his)'가 소멸될 때까지 계속해서 정복되고 변화되어야만 한다. … 완벽하게 비었고, 자아를 제거한 수도자는 '초월적 신성(transcendent Deity)'과 '하나가 될(become one)' 준비가 된 것이다.[13)]

말하자면 이것은 단지 '목적 없는 긴장을 제외하고 당신에게 남겨진 것은 더 이상 아무것도 없도록 그렇게 철저하게 당신 자신을 버리고, 당신 자신과 당신에게 남겨진 모든 것을 떠났을 때에만'[14)] 성취될 수 있는 것이다.

만일 한 선수가 선의 명인이 약속한 초월을 성취하려고 한다면, 그가 극복해야 할 장애물로서 '자아'란 도대체 무엇일까? 앞 장에서 소개한 용어를 사용하자면 문제가 되는 '자아'는 '모나드(monadic)' 또는 때때로 우리가 심리학적으로 곧잘 표현하고 있는 '에고(ego)'와 같은 어떤 것이다. 대신에 초월되어야만 할 자아는 '인식론적 자아', 즉 점진적 방식에서 명시적이고, 의식적으로 분석하고 계획하는 자아이어야만 한다. 만일 그렇다면, 자아의 초월은 사실상 더 이상 신비스러운 것이 아니다. 그것은 숙달된 선수에게 일어날 수 있는 일종의

---

13) Ibid, p.26, 30.

14) Ibid, p.52.

전환이다. 즉 활동의 수행이 의식적 차원에서 더 이상 명시적인 인지적 활동을 요구하지 않고 모든 것이 그저 자연스럽게 일어나게 되는 마음의 상태를 의미한다.

어쨌든 헤리겔이 강조한 것처럼, 무의식의 성취와 자아의 망각이 가져다주는 중대한 결과는 그가 '기술 없는 기술'이라고 부르는 것의 성취이다.

> 그 때 최상의 그리고 최후의 기적이 온다. 기술은 '기술이 아닌 것이(artless)' 되고, 활쏘기는 활쏘기가 아닌 것, 즉 활과 화살이 없는 활쏘기가 된다. 선생은 다시 학생이 되고, 사범은 초심자가 되며, 끝은 시작이 되고, 그 시작은 완성이 된다.[15)]

이 말은 이상하고 혼란스럽게 들리며, 그런 종류의 경험은 분명 우리들 대부분에 의해 접근되어지기 어려운 것이다. 다른 한편으로 그런 상태에 실제로 도달한 경험이 있는 헤리겔이 기술했듯이 그런 경험이 전적으로 공상적인 것은 아닌 듯싶다.

> 활, 화살, 목표, 그리고 자아, 이 모든 것은 하나의 다른 것으로 용해되어 나는 더 이상 그것들을 분리할 수 없게 되었다. 심지어 분리하려는 욕구조차도 사라졌다. 내가 활과 화살을 잡자마자 모든 것들이 너무도 분명하고 똑바르게, 그리고 너무도 우습게도 단순하게 되었다.[16)]

이 묘사에서 또 다시 확인할 수 있듯이 이 경험이 극정체험을 경험한 능숙한 선수가 기술하고 있는 일종의 쉬움과 부드러움보다 더

---

15) Ibid, p.20.

16) Ibid, p.88.

신비스러운 것은 아닌 것 같다.

나는 선 체험의 어떤 중요한 측면들(무의식, 자아를 잊은 것, 기술 없는 기술)과 극정체험의 차원들 사이에 현저한 유사성이 있다는 점을 여러 차례에 걸쳐 주장해왔다. 그런 경험들과 유사성들은 사실상 자아인식, 특히 때때로 우리에게 가능한 의식과는 다른 수준들의 자아인식을 드러내 줄 수 있다. 그렇다고 선과 운동선수의 극정체험 사이에 그 어떤 흥미롭고도 중요한 차이가 없다고 주장하는 것은 아니다. 아마 가장 두드러진 차이는 운동선수의 특별한 목적과 관련이 있는 것 같다. 운동선수들이 '기술 없는 기술'의 수준, '무의식' 상태에서 자신의 기량이 자동적으로 발휘되는 수준에 도달하고자 하는 가장 중요한 이유는 스포츠경기에서 좋은 기록을 내기 위해 또는 단순히 경기를 잘 하기 위해서이다. 만일 그런 극정체험이 보다 월등한 수준에서 경기를 수행하는 그들의 자질에 포함되지 않았다면, 추측하건대 선수들은 그러한 경험에 관심을 갖지 않았을 것이다. 반면에 선 스승들은, 예를 들어 궁술의 경우에, 과녁을 쏘아 맞히는 것은 중요한 것이 아니라고 주장한다. 여기서 중요한 것은 보다 높은 무의식의 단계에 도달하는 것이다.[17] 그러나 이런 결정적인 차이에도 불구하고 (이것은 바로 서구 사회의 과도한 '목표 지향적 경향'을 그대로 반영하고 있다) 선과 극정체험간의 유사성은 주목할 만하고 시사하는 바가 많다.

---

17) A westerner might observe that it can hardly be accidental that all Zen Master archers happen to be excellent shooters. One wonders how many students a Zen Master would have if he were a terrible shooter. 한 서양인은 선을 터득한 궁수들은 공교롭게도 모두가 뛰어난 사수라는 사실이 결코 우연은 아니라는 점을 관찰했을 것이다.

소크라테스적 자아인식

우리 문화에서 아주 오랜 전통을 지닌 자아인식의 또 다른 방식인 소크라테스적 자아인식을 검토해보지 않고 스포츠에 대한 심리적인 측면의 논의, 특히 자아인식의 논의를 끝내서는 안 될 것이다. 소크라테스적 의미에서 자신을 안다는 것은 '내가 아는 것과 내가 알지 못하는 것을 아는 것' 또는 더욱 포괄적으로 말하자면 자신의 능력과 자신의 한계를 아는 것을 의미한다. 코치들이 일상적으로 하는 훈계, 특히 선수들이 자신의 능력 이상을 발휘하도록 종용하는 훈계 가운데 '여유 있게(자신감을 가지고) 경기하라(Just play within yourself)'는 말이 있다. 이 말이 함축하는 바는 선수들은 이미 선수생활하면서 자신의 능력을 넘어서려고 시도할 뿐만 아니라, 자신의 한계를 넘어서기에 충분할 만큼 숙달된 포괄적인 운동능력과 안목을 지니게 된다는 점이다. 즉 그들은 선수경력을 통해 자신의 한계와 그러한 한계 내에서 경기하는 것을 알게 된다는 것이다.

앞 문장의 뒷부분에서 언급하고 있는 한계 내에서 경기를 한다는 말은 두 가지 의미로 해석될 수 있다. 자신의 능력을 넘어서려고 시도하지 않는다는 의미에서의 자신의 한계 내에서 경기를 한다는 의미와 언제나 '극한까지 몰고 가는 방식으로' 최선을 다해 자신의 능력을 넘어서려고 노력한다는 의미이다. 사실상 뛰어난 선수들은 후자적인 의미의 자아인식을 매우 잘 성취해왔다. 거의 실수를 하지 않지만, 그럼에도 불구하고 게임에서 중요한 역할을 담당하고 있는 선수들은 이런 덕목을 잘 드러내주고 있다. 자신이 할 수 있는 것과 할 수 없는 것을 아는 것, 그리고 자신이 할 수 있는 모든 것을 하는 것은 소크라테스적 자아인식의 운동경기 버전으로 평가받을 만하다. 그것은 운동영역 그 자체 내에서도 충분히 주목을 끌만한 성취이다. 자신을 인식하는 성격이 만들어질 수 있으며, 이러한 성격은 아마도 선수 자신이 선택한 스포츠에 국한하지 않고 보다 폭넓은 그의 인생으로까지 확장되어 영향력을 행사하게 될 것이다. 이러한 성격은 같은 종류의 자아인식에 의해 특징지어진 인생을 위한 모범으로써 봉사할 수 있다.

운동선수가 이런 의미에서 알고 있는 것은 어떤 종류의 '자아'일까? 어떤 사람들은 플라톤의 대화를 엄밀하게 이해하지 않고서도 그에 대한 답변을 얻는 운동경험을 곧바로 이해할 수 있다. 선수들은 계속해서 자기 능력의 한계에 부딪치면서, 바로 이러한 한계를 확장시켜나가고, 자신을 향상시켜나간다. 계속해서 한계에 부딪침으로써 자신의 운동능력을 향상시키는 것은 자기개발의 운동경기적 등가물이다. 선수가 이런 방법을 통해 알게 되는 자아는 영구적이거나 최종적인 또는 총체적인 자아가 아니다. 그것은 항상 발달되고 있는 또는 최소한 발달되어야만 하는 자아이다. 그것은 움직이는 자아이며 변화하는 자아이다.

우리는 운동선수가 자신의 운동경기적 자아를 창조하며, 그러한 창조에 커다란 책임을 진다고 말할 수 있다. 따라서 운동경기의 영역 내에는 실존철학에서 매우 중요한 '자아창조'의 개념을 위한 분명한 모형이 존재하고 있다. 최소한 정신과 신체가 너무나 밀접하게 상호작용하고 있는 이러한 운동경기의 영역 내에서, 운동경기를 통해 숙달되어가는 신체처럼 우리의 자아 역시 되어가는 존재이다. 이러한 인식은 우리를 다음 장의 주제, 즉 스포츠에서 나타나고 있는 바와 같은 정신과 신체의 관계로 이끌어간다. 이와 같은 복합적인 상호관계를 어떻게 하면 가장 잘 이해할 수 있을까?

4 장

스포츠에서의 정신과 신체

우리는 높이 점프하거나 농구에서 슛하기, 또는 야구에서 공을 치기 등은 90퍼센트가 정신작용이라는 말을 자주 들어왔다. 누군가 철학은 90퍼센트가 정신의 작용이라고 말했다면 그다지 놀라지는 않았을 것이다. 그러나 겉으로 보기에 대부분 신체활동으로 이루어지고 있는 스포츠에서 정신활동이 그토록 중요한 역할을 담당하고 있다니 놀라운 일이 아닐 수 없다. 어찌되었건 다수의 학생들은 정신활동 위주의 공부라는 힘겨운 일과를 벗어나기 위해 방과 후에 체육관으로 달려가 신체활동에 정열적으로 참여한다. 이러한 학생들이 실제로 정신위주의 활동에서 벗어나 단순히 또 다른 활동으로 갈 수 있는가?

이런 저런 스포츠가 대부분의 정신활동이라는 주장은 과장된 표현이기도 하지만 아마도 그것은 어떤 사실에 대한 과장일 것이다. 스포츠는 정신이 개입하지 않는 신체활동은 분명히 아니다. 사실 어떠한 스포츠도 신체적인 요소뿐 아니라 정신적인 요소의 개입을 모두 요구하고 있다. 경기에서 좋은 성적을 내기 위한 전략을 개발하는 일이나, 누군가가 최선을 다하기 위해 정신적으로 무장하는 일은 심리적인 측면이 될 수 있으며, 그것은 대부분의 운동경기에서 승자와 패자를 결정짓는 결정을 즉석에서 내려야 하기 때문에 이러한 정신적 요소들은 스포츠가 다양하게 전개될수록 더욱 명백해 지고 있다. 예를 들어 1950년대 선수들이 풋볼코치가 쿼터백에게 어떤 플레이를 주문하거나 많은 대학선수들이 경기장에서 벌어진 경기와 자신 및 경쟁선수의 경기를 분석하기 위해 실전을 대비한 연습시간 만큼의 노력과 시간을 투자하는 것을 알게 된다면 상당히 놀라워했을 것이다. 또한 농구에서 '포인트가드'가 코트에서 천천히 드리블을 해서 상대 진영으로 가는 모습이나 선수가 코치에게 전달 신호를 보내고 그런 다음에 전체 팀에게 신호를 보내기 위하여 경기 중에 손을 맞잡고 들어올리는 행동들에 대하여 상당한 의구심을 가질 것이다. 여러 스포츠에서 심리적인 측면이 점차로 중요해지고 있기 때문에 많은 대학이나 프로팀들은 스포츠심리학자를 고용하여 선수들이나 지도자들의 잠재력을 최대로 발휘하도록 하고 있다.

스포츠를 이렇게 정신적인 면에서 강조하는 것은, 반대로 스포츠가 기본적으로 신체활동이라는 것을 강조함에도 불구하고 매우 유사하다. 다시 말해서, 스포츠가 일상생활에서 보다 더욱 생생하고 명백한 정신활동과 신체활동의 결합체라는 것을 말해주는 것이다. 즉, 스포츠란 정신과 신체의 상호작용을 반영하는 환상적인 경험을 제공한다.

그러나 정신과 신체의 관계에 대한 반성에 참여하는 것은 철학에서 가장 오래되고 현재까지도 가장 생생한 철학적 관심사가 되는 것에 참여하는 것이다. 윤회주의인 피타고라스의 사상에서 영혼 불멸의 크리스트교 사상, 그리고 17세기에 정신과 신체의 이원론을 주장한 데카르트에서부터 정신과 신체의 관계를 회의하는 최근의 현상학자와 물리학자에까지 혹은 정신과 신체의 활동에 더욱 조심스런 주장을 펴는 관점에까지, 정신과 신체의 관계는 철학사에서 가장 핵심적인 관심사가 되어왔다. 이 장에서는 위에 언급된 내용의 핵심적 내용을 살펴보고, 스포츠 행위에 의해서 확립된 것과 확립되지 않은 것을 이해하기 위해서 스포츠영역을 살펴볼 것이다.

이원론

정신과 신체에 관한 가장 오래된 두 견해는 일찍이 소크라테스 이전 시기의 철학으로 거슬러 올라간다. 피타고라스이론으로 나타나는 '이원론'은 정신과 윤회를 내세웠고, 데모크리토스의 '원자론'은 '유물론' 사상으로 나타났다. 피타고라스주의자들은 신체적인 죽음을 맞이하면 정신은 죽은 신체를 떠나 다른 신체에 들어간다는 종교적 확신을 갖고 있었다. 이러한 믿음은 정신과 신체가 서로 다른 두 실재라는 주장에 의해 유지된다. 또한 피타고라스주의자들은, 모든 사람은 각자의 특징을 정신과 신체의 결합체로 이루어진다고 말한다. 그리고 이러한 주장에는 다음의 두 가지 주요한 확신에 그 근거를 두고 있다. 첫째로, 정신은 신체로부터 자유로워져 다른 신체로 이동하게 된다는 점이다. 둘째로, 이러한 분리가능성으로 진정한 개체는 신체가 아니라 정신이기 때문에 '인격'은 정신이라는 것이다.

플라톤은 이러한 이원론을 자신의 저서 '파이돈'에서 드러내었다. 소크라테스가 죽음을 맞이하게 되는 날 그의 임종을 지켜보는 사람들에게 자신은 정말로 죽은 것이 아니라, 더 높은 형상의 세계로 가기 위해 신체로부터 떠난다고 그들을 위로하는 것을 드러내었다.[18)]

---

18) Platon, Phaedo. 비록 그것이 여전히 전통적인 해석이라고 할지라도,

이러한 이원주의자의 관점은 크리스트교 사상이 발전하면서 사후세계의 기본 근거로 크리스트교 사상에 흡수된다. 그 이유는 신체는 죽음이후에 살아있지 않다는 것은 명맥하며, '사람은 무엇인가'라는 질문을 한다는 주장만으로도 사후세계가 인정될 수 있으므로, 죽음으로 사라지는 신체와 죽음으로 인해 꼭 사라진다고는 볼 수 없는 영혼의 분리가능성이 바로 사후의 정신세계를 주장할 수 있는 증거가 되었다. 더욱이, 영혼이 '진정한 개체'에 있어서 중요한 것이므로 개체자신과 그 운명의 결정에 있어서 신체보다는 정신이 신체에 가혹행위를 가하면서까지 신체의 존재를 낮추려는 시도를 하기도 했다.

근대 철학의 아버지로 불리기도 하는 17세기의 데카르트는 이러한 이원론적 주장의 진수를 그 유명한 표현으로 전개한다.[19] 데카르트의 미묘하고 중대한 논쟁의 상세한 내용으로 들어가지 않아도 그가 이원론자들과 마찬가지의 두 가지 중대한 주장을 하고 있음을 알 수 있다. 첫째로 정신과 신체는 분리 가능한 다른 실재라는 주장(여기서부터 이원론의 주장이 시작된다)이며, 둘째는, 가장 확실한 '자아'는 정신 혹은 마음으로 사고하는 '나'이다. '나는 생각한다. 그러므로 존재한다'에서 나는 바로 생각하는 실재의 '나'가 되는 것이다.

서양에서 인간이 무엇인가에 대한 철학적인 이해방식의 하나 일뿐만 아니라 주요한 종교적 전통의 하나이기도 한 형이상학적인 토대의 부분으로서 이원론은 명백하게 아주 중요한 의미를 갖는다. 우리의 단어와 심지어 우리의 교육체계를 조직하는 방법은 이러한 가정

나는 사실 이것은 플라톤 자신의 관점이라고 생각하지 않는다. 나는 그것에 반대를 주장한다. 우리는 플라톤이 그 관점을 취했고 그 대화론에서 그것의 결과의 일부를 검토하였다는 것을 모순적으로 말할 수 있다.

19) 특히 첫 번째 철학에 대해서는 그의 '명상록'을 참고하라.

들을 전제로 한다. 우리가 수세기에 걸쳐 들어왔던 '건강한 신체에 건전한 정신이 깃든다'는 주장은 정신과 신체는 분리되어 있다는 의미를 분명히 내포하고 있다. 그리고 성적 대상으로 취급받는다고 여기는 여성의 경우, 그들의 정신은 존중받아야 한다고 주장하며, 뛰어난 선수들의 경우에도, 그들이 단지 '바보'라는 선입관과 정식으로 맞서야 한다고 주장한다. 이제까지 언급한 대부분의 이원론자들의 주장을 따르면, 우리의 교육체계는 신체와 정신을 모두 단련해야 한다는 것과 여기서 정신이 신체보다 더 중요하다는 사실을 전제하고 있다. 이원론자들의 관점에 근거하여, 플라톤이 국가론에서[20] 교육에 관해 언급한 매력적인 예외를 제외하고, 스포츠는 오직 신체와 관련이 있는 것으로 여겨졌으며, 그로 인해 불가피하게 그 중요성은 시간의 흐름과 함께 축소되어 왔다. 예를 들어 많은 학술기관에서 체육에 더 적은 학점을 부여하는 것이나 교육기관이 경제적인 어려움에 직면했을 때 수업시수를 줄여야할 교과목으로서 체육과 스포츠를 가장 먼저 고려하는 점 등은 의심할 바 없이 이와 같은 이원론에 근거하고 있다. 여러 요인들에 의해 교육기관에서 운용되는 스포츠가 '과외', 즉, 부수적인 교육과정으로 분류된 것 역시 같은 맥락에서 이해할 수 있다. 신체와 정신이 분리가능하고, 정신이 신체보다 더욱 중요한 것이기 때문에 교육의 핵심은 정신적인 생활에 더욱 치우치게 되고, 신체의 단련은 각자의 자유로운 선택에 맡겨지게 되는 것이다.

그러나 이원론의 기본 토대에 근본적인 문제점이 있는데 그것은 바로 어떻게 서로 다른 정신과 신체가 하나로 결합되어 있는가 하는 문제이다. 글을 쓰려는 정신이 손가락을 움직여 문장을 써 내려간다.

---

20) Platon, Republic. 특히 책 3권. 410쪽 참고.

만일, 내가 복잡하고 난해한 다이빙 기술을 표현하려 할 때면, 실패에 대한 심리적인 혼란을 겪게 될 것이고, 아마도 그것은 심리적 질환으로까지 발전할 수도 있을 것이다. 긍정적인 면과 부정적인 면으로 우리의 정신과 신체는 골치 아플 정도로 복잡한 수많은 방법으로 상호작용한다. 이원론이라는 것은 이미 정신과 신체의 상호작용을 전제로 하고 있다. 이에 데카르트는 영적인 정신과 물질적인 신체는 인체의 송과선에서 서로 결합하고 있다는 주장으로 그 해답을 구하고 있다. 그러나 이것은 만족스러운 답변이 되지 못한다. 그러면, 이에 대한 대책은 무엇인가?

유물론

정신과 신체의 다른 관점에서 문제는 인간은 물질적인 신체로 이루어져 있다는 데모크리토스의 주장으로 거슬러 올라간다. 이러한 입장은 유물론으로 불리기도 하고, 혹은 최근에 물질주의로도 알려지기도 했다. 유물론의 기본적인 입장은 비록 상세한 내용은 엄청나게 복잡할지 모르지만, 간단하게 설명될 수 있다. 소위 정신 활동은 영적이거나 정신의 불가사의한 현상이 아니다. 사고는 원리적으로 키보드를 치는 손가락의 움직임과 다르지 않다. 둘 다 모두 신경의 촉발에 의해 시냅스가 연결되고, 신경이 자극을 받은 결과인 것이다. 우리들에 관한 사고, 사랑, 욕망 등의 모든 것은 모두 물리적 활동에 기초한다. '신체는 완전한 나이고 그 이외의 아무 것도 아니다'라고 니체는 '짜라투스트라는 이렇게 말했다'에서 이러한 입장을 간단하게 말하였다.[21)]

21) Nietzsche, Friedrich, Thus spoke Zarathustra, in The Portable Nietzsche,

이원주의자들과 같이, 유물론자들도 그들의 입장을 강력하게 주장하고 있다. 이들은 비물질적인 정신의 신비스런 개념에 의지하고자 하는 것을 피하려고 한다. 더욱이, 과학이 물리학에 깊이 영향을 받기 때문에 인간이 만일, 전적으로 물질이라면 인간의 모든 면은 과학적으로 충분히 이해될 수 있다는 것이다. 이러한 가정으로 인해, 인간의 정신적이고 심리학적 사건들을 이해하는 데 있어서 엄청난 발전이 있었다.

그러나 이러한 관점 역시 문제는 있다. 반대론자들은 이를 넘길 수 없는 어떤 것으로 여긴다. 다시 말해서 '나는 생각한다. 그러므로 존재한다' 혹은 '나는 앤을 사랑한다', '오늘이 빨리 지나가길 바란다' 등의 경험을 말하는 것이 단지 그냥 신경이 촉발하는 물리적 사건 이외에 아무 것도 아니라는 것이며, 이것은 질적으로 다른 어떤 것을 경험하는 것으로 축소해 버리는 듯한 느낌을 준다. 이것은 환원주의라는 가장 심각한 문제로 나타난다. 실제로 '나는 생각한다. 그러므로 존재한다'는 경험이 손가락을 움직이는 것과 같이 질적으로 비슷한 물리적 활동이라고 여겨지지는 않는다. 최소한 물리주의자의 입장은 이러한 사고하는 정신과 사고하지 않는 신체간의 차이는 설명할 수 있어야 한다. 다시 말해서 반대론자들은 이것이 불가능하다고 여긴다. 증명할 수 없는 대부분은 일련의 신경 촉발로 주어진 물리적 사건과 같은 것이 정신작용에 일어난다는 것이다. 그러나 이것은 동일한 것이 아니거나 물리주의의 비판을 말한다.

스포츠를 예로 들면, 물질주의자들이 다가오는 경기에 대비하여 유산소 능력 향상 운동인 단거리 달리기 연습을 하는 것과 경기를 위

Edited Walter Kaufmann, New York, Penguin Books, 1982, p.146.

한 자신이 원하는 수양과 실전에서 자신의 임무에 정신집중을 하는 것, 그리고 게임이 얼마나 자신의 팀에게 중요한지를 생각하는 것 등과 같은 정신훈련을 하는 것 등을 어떻게 서로 구별할 수 있겠는가 하는 말이다.

현상학

스포츠학자들에게 현재까지 가장 많은 지지를 받은 것은 20세기에 독일의 후설에 의하여 시작되었다는 현상학이다. 현상학자들에 의하면 설명되어져야 하는 것은 어떠한 현상의 추상적인 개념이 아니라, 인간의 경험을 통해 설명되는 바로 정확한 사실 그 자체라는 것이다.

현상학자들이 우정이나 외로움 등을 설명하려 할 때 무의식적인 경험의 심리분석방법이나 신경의 촉발과 관련된 것들을 통해 설명하지는 않는다. 그 사실 자체의 경험 즉, 질적인 면, 특성, 구조 등을 정확하고 적절하게 서술하려 할 것이다. 현상학자들은 바로 인간이 스스로 경험하는 방법은 이원론에서 말하는 신체나 정신의 단독적인 경험이 아닌 신체와 정신의 다소 신비로운 상호관계로 이루어진 종종 '생생한 육체'로 일컬어지는 결합체로서 이루어진다고 주장한다. 현상학자 캘빈 오 슈랙(Calvin O. Schrag)은 다음과 같이 말한다.

> 의심스런 현상은 바로 내 신체가 확실히 살아있다는 것이다. 내가 의식할 때 바로 느껴지는 것은 신체가 어떤 식으로 다른 실재 즉, 전통적으로 영혼, 마음, 자아 등으로 불리는 다른 실재와 연결되고 통합되어 있으며, 죽어있는 어떤 실체가 아니라는 것이다. 즉, 개념화된 신체는 추상화되고 대상화된 이후의 것으로 이것은 현상학적으로 내용이 빠져있고 인식론적으로도 문제가 있다. 나의 신체를 처음 경험하는 것은 내 자아의 경험으로부터 분리될 수 없는 생명활동의 복잡한 현상으로 이루

> 어진다. 전통적으로 특히 데카르트에 의해 이루어진 신체와 정신의 구별은 개념을 구체화하고 대상을 구별한 것으로 살아있는 인간의 경험과 전혀 다른 것이다.[22]

그러므로 정신과 신체의 합일된 활동에 대한 경험을 강조하는 것이 바로 현상학의 특성이라 할 수 있다. 더욱이, 현상학자들의 주장에 따르면 인간의 경험을 정신과 신체를 분리하는 것이 아닌 전체로 인식할 때에만 인간 활동이 올바로 이해될 수 있다는 것이다.

> 인간의 육화 되어지는 것을 분석해 보면, 인간은 모호하고 부분적으로는 베일에 가려진 신체의 모습을 하고 있음이 드러난다. 이것은 인간의 다양한 면에 명확하고 확실한 경계선이 없다는 것이다. 인간은 물리적, 생물학적, 심리학적으로 연관이 되어 있으며 전체로서 분석할 때만이 의미 있게 관찰될 수 있다.[23]

현상학자들은 신체가 실체와는 다소 신비스러운 상호작용을 하고는 있지만 어떤 하나의 실체라고 생각하지는 않는다. 또한 육체는 근육, 뼈, 소화계, 호흡계, 생식계, 신경계들의 조합으로 이루어진, 즉 객관적인 생물학적 차원에서 전혀 이해될 수 없다. 오히려, 우리가 살아있고, 있는 그대로를 경험하는 식으로 우리의 신체를 서술하고 이해해야 한다. 프랑스 철학지 기브리엘 마르셀(Gabriel Marcel)의 경우처럼 우리의 신체는 우리가 소유하고 있는 어떤 것이 아니다. 나는

---

22) Schrag, Calvin O., "The Lived Body as a Phenomenological Datum," in Philosophical Inquiry in Sport, edited by Morgan & Meier, Champaign, III., Human Kinetics Publishers, 1988, p.110.

23) Meier, Klaus V., "Embodiment, Sport, and Meaning," in Morgan & Meier, op. cit., p.97.

나의 신체이다.[24]

스포츠의 장에서 인간의 움직임을 분석한다면 무슨 일이 벌어질까? 많은 경우에 있어서, 스포츠에서의 구체적 경험보다는 즉, 일체화된 '생생한 신체'에 관한 현상학자들의 주장보다 더 명백한 것은 없다. 이미 언급했듯이, 대부분의 스포츠 활동의 특성은 정신과 신체 활동의 합일로 깊이 이루어진 것으로 정신과 신체는 결코 분리될 수 없다. 농구에서 골을 향해 움직일 때, 팀원을 발견하여 볼을 패스하거나, 농구공에 스핀이 먹힌 것을 알아채고 스윙동작을 수정하는 것 등이 과연 생각하는 것인지 아니면 물리적으로 행동하는 것인지에 대한 대답은 오직 둘의 상호작용, 즉 하나로서 함께 작용한다는 사실에 있다.

운동경기에서 맛 볼 수 있는 엄청난 매력이 바로 앞에서도 보았듯이 종종 '생각 없이 이루어지는 행위'로 여겨지는 경험이며 이것은 사실 살아있는 개체 내에서의 정신과 신체의 순전한 합일에 대한 증명이기도하다. 운동선수는 자신이 정신과 신체가 서로 분리되어 작용을 하고 있다는 것을 경험하지 않는다. 즉, 근육과 뼈, 신경의 촉발 등의 정교한 결합체로서 자신을 인식하는 것이 아니라, 생생한 신체, 구체화된 생명과 활동 속의 신체로서 사고하고 행동하는 존재로 인식한다.

이러한 흥미롭고 의아한 현상학적 개념을 좀 더 개념적으로 정리한다면, 생생한 신체의 현상학적 설명은 특히, 기술이 뛰어난 선수에 있어서 더 명백하게 경험된다. 즉, 분석적 의미로 사고할 필요가 없

---

24) Marcel, Gabriel, Metaphysical Journal. Chicago, Henry Regnery Co., 1952, p.97.

는 정신과 신체의 조화로운 상태를 이루고 있는 것이다. 그러한 숙련된 선수에 있어서의 일체성은 명백하다. 그러나 스키를 처음 타는 초보자의 경우, 스키를 타기 위한 모든 지시들을 기억하려고 애쓸 것이다. 그리고 그것을 행동으로 옮기기에 안간힘을 쓸 것이다. 초보자뿐만 아니라, 상해를 입은 선수 역시 자신이 의도한 대로 슛을 쏘거나 공을 빼앗지 못한다. 이러한 경우, 선수는 그러한 상황을 극복하려고 애를 쓰고 정신과 신체가 분리된 익숙하지 않은 상황에 몹시 괴로워할 것이다.

폴 바이스는 그의 저서 '스포츠철학의 모색'에서 여성과는 다르게 남성들이 느끼는 이러한 익숙하지 않은 이원론의 경험을 매력적인 스포츠를 통해 극복하려는 의지를 보여주고 있다.[25] 하지만 이러한 현상학자들의 주장이 사실이라면, 우리는 살아있는 신체로서만 우리의 존재를 항상 인식하지는 않으며, 이러한 살아있는 신체를 느끼는 것은 이원론을 극복하는 특별한 경험이 되는 것이다. 보통상태의 인간은 이원론을 경험하게 되는 불완전한 상태로 느끼며 존재하는 것이다. 이러한 의미에서 인간은 시간에 따라 어떤 때는 이원론자이기도 하며, 어떤 때는 일체적이며 생생한 신체의 인간이기도 하다. 그러나 이원적인 경험인 정신과 신체의 분리를 극복하여 일체적이며, 살아있는 신체를 경험하려는 것은 더 높은 상태로의 진행이며 이는 종종 익숙하지 않은 경험을 동반한다.[26]

---

25) Weiss, op. cit., Chapter 13.

26) 아마도 심신분리의 가장 극단적인 경우로서 종종 '과대망상'으로 불리는 정신분열증환자를 생각해 볼 수 있다. 이러한 환자는 환자복을 입고 정신병원 입원실에 수감되어 있으면서 자신은 나폴레옹이라고 철석같이 믿고 있다.

플라톤의 견해

신체와 정신의 관계에 대한 논의와 스포츠와 정신과 신체의 관계에 대한 논의를 진행하는 데 있어서 그리스의 철학자 플라톤을 생각하지 않을 수가 없다. 플라톤은 비록 이원론적 관점을 명확하게 표명하지는 않았지만 전통적인 의미에서 이원론자로 분류된다.[27)] 분명한 것은 인간의 상황을 거론할 때 그는 신체와 정신이라는 개념을 사용하기를 원했다. 그의 저서 『국가론』에서 소크라테스가 이상국가론을 완성하는 과정에서 소크라테스는 올바른 교육법을 통해 체육의 명확한 역할을 설명한다.[28)] 그가 제안하는 예술교육의 두 가지 중요한 요소는 음악과 체육이다. 이러한 두 개의 영역은 반드시 올바른 교육의 기본이 되어야 한다는 사실을 현대의 미국인이 아마 접했다면 놀라움을 금치 못했을 것이다. 위에서 언급한 두 개의 영역은 사실 현대의 교육제도에서는 그다지 중요하게 여겨지지 않고, 간혹 경제적 어려움에 부딪힐 때 제일 먼저 제외의 대상이 되는 덜 중요하고, 덜 강조되고 있는 분야이기도 하다. 우리의 목적을 위하여 특히 중요하고 강조되어야 할 점은 소크라테스가 건전한 교육의 핵심 가운데 하나로서 체육의 지속적인 훈련을 주도면밀하게 계획하는 데 상당한 시간을 헌신했다는 것이다.

---

27) 이는 학문적인 논쟁의 문제이며 이를 해결하기 위해서는 넓은 의미의 해석이 필요할 것이다. 간단히 말하자면 향연과 파에드루스(phaedrus)에서 사랑의 설명을 영혼과 신체의 실체이원론의 가정 하에 논리에 맞지 않는다. 물론 이것은 플라톤이 영혼과 신체의 개념을 주장하며 오직 영혼과 신체가 서로 불리 된 실체로 이해하는 것을 부인하는 것이다.

28) Plato, Republic, 특히 책 3권 참고.

> 그렇다면 음악과 체육을 가장 훌륭하게 혼합하여, 이를 혼에 가장 알맞게 제공하는 그런 사람이 완벽한 의미에 있어서 가장 음악적이며 가장 조화로운 사람이라고, 현악기의 현들을 서로 조율해 내는 사람보다도 훨씬 더 그런 사람이라고 우리가 말하여 지당할 것일세.[29)]

만일 플라톤이 위에서 논의한 것처럼 일종의 이원론자였다면 그는 음악과 체육에서의 이러한 훈련의 목적은 다음과 같이 적절하게 분리해서 생각했을 것이다. 즉 체육훈련은 신체를 위한 것이고, 음악훈련은 영혼을 위한 것이라고 말이다. 그러나 소크라테스는 이러한 생각을 전적으로 부인했다. 그 관계는 훨씬 더 가까운 것이다.

> "그렇다면, 글라우콘! 음악과 체육으로 교육하도록 제도화한 사람들은, 일부 사람들이 생각하듯, 체육으로는 몸을 보살피되 음악으로는 혼을 보살피기 위해 이를 제도화한 것이 아니겠군?" 내(소크라테스)가 물었네. "그러면 무엇 때문인가요?" 그(글라우콘)가 되물었네. "무엇보다도 혼을 위해서 양쪽 다를 제도화한 것 같다네." 내가 말했네.[30)]

약간은 혼돈스러운 위의 주장을 소크라테스는 글라우콘에게 다음과 같이 명료하게 설명한다.

그러니까 어떤 신이 이들 두 가지 교과목, 즉 음악과 체육을 인간들에게 주었는 데, 이는 혼의 '격정(기개)적인 면'과 '지혜를 사랑하는(애지적인) 면'을 위해서지, 부수적인 경우가 아니고서는, 혼과 육신을 위해서가 아닌 것 같다고 나로서는 말하고 싶다네. 말하자면, 이 양면이 '적절한 정도'만큼 조장되고 이완됨으로써 서로 조화를 이

---

29) Plato, Republic, p.412a.

30) Ibid, p.420c.

루도록 하기 위해서 말일세.[31)]

소크라테스가 강조하는 체육의 핵심은 신체를 단련하는 것이 아니라, 바로 온전한 인간을 위한 일체화된 교육의 부분이라는 것이다. 그렇기 때문에 올바르게 체육이 이루어진다면 더 바람직한 인간을 육성할 수 있다는 것이다. 이렇게 되려면 정신과 신체가 실재로 분리되어 인식되지 않게 아주 친밀한 연결을 할 때에만 비로소 가능하다고 소크라테스는 주장한다. 플라톤이 말하는 소크라테스는 오늘날의 현상학자들이 강조하는 정신과 신체의 친밀성을 이미 인정하고 있는 듯하다. 이러한 관점에서, 진정한 체육이란 신체만을 위한 교육이 아닌 우리 자아를 적절히 개발시키기 위한 것이 되어야 한다. 이원론적 사고의 반향으로 운동선수들의 교육에서 정신적인 면을 소홀히 하는 경향이 있는 현대의 교육자들은 운동선수들의 교육에 있어서 이러한 정신과 신체의 친밀하고도 깊은 유대 관계를 위한 체육의 역할을 다시 음미해야 할 것이다.

제3장의 자아인식에서 아놀드 바이저(Arnold Beisser)가 분류한 스포츠 종목 선택의 의미 있는 분석은 현재의 우리 모습에 대한 어떤 부정적인 대답을 제시하기보다는 우리가 자아인식을 할 수 있도록 개인적이고 솔직한 대답을 유도할 수 있도록 한다. 이 장에서도 이와 비슷한 상황이 전개되는 데, 바로 정신과 신체가 친밀하게 결합하는 능력을 스포츠가 정신과 신체의 그 친밀한 연계성을 확인하도록 하는 장을 통하여 마련한다는 것이다. 이러한 것이 어떤 이론을 지지하여 문제 해결을 한다고 볼 수는 없다. 그러나 이러한 질문들을 제기하는 것으로도 이 중요한 문제에 대해 어느 정도의 대답을 이끈다고

31) Ibid, p.411e.

여겨진다. 왜냐하면, 대부분의 우리들에게 스포츠활동이란 어느 정도는 우리들의 자신 안의 경험으로 여기도록 하며, 이는 또한 우리들의 생활에 진실을 알려주는 상태까지도 이끌어 줄 수 있고, 그것 자체로도 철학이 추구하는 대상인 자아인식의 한 부분이 되기도 하기 때문이다. 다음 장에서는 스포츠에 있어서 우리 자신의 이해를 다른 차원에서 생각할 것이다. 스포츠와 미, 우아함, 그리고 고상함 등과 같은 미학적 주제와의 연관성을 논의 할 것이다.

5 장

스포츠, 예술, 그리고 미학

사람들은 미학의 언어를 사용하지 않고 스포츠에 관한 대화를 오랫동안 지속하기가 매우 어렵다. 우리는 뛰어난 달리기주자가 내딛는 발걸음 또는 골대를 향하는 농구 선수의 긴 도약의 '우아함', 몇 명의 축구선수들이 조화를 이루어 만들어낸 환상적인 게임이나 잘 수행된 다이빙동작의 '아름다움', 비록 본래의 플레이는 좌절됐지만 그럼에도 불구하고 훌륭한 패스를 한 쿼터백의 '창조성' 등과 같은 말들을 들어보았을 것이다. 사실, 스포츠에 관해서 이야기를 나눌 때 예술에 관한 어휘가 많이 사용된다는 것은 너무나도 자명하다. 어휘만이 아니다. 체조, 다이빙, 피겨스케이팅, 수중발레와 같은 종목에서 미적 기준들은 명시적으로 승자를 결정하는 기준으로 채택되기도 한다. 다이버는 다른 선수보다 더 우아하게 동작을 완수했을 때 또는 피겨 스케이터가 한 동작에서 다른 선수보다 더 아름답게 연기할 경우에 게임에서 승리할 수 있다. 이와 같이 스포츠에서 미적 관점은 스포츠 자체를 구성하는 요소의 하나가 된다.

이와 같은 생각은 스포츠에 많은 관심을 가지고 있는 많은 철학자들을 스포츠에서 미학의 위치에 대한 물음에 관심을 돌리도록 유도하였다. 최고의 관심이 집중될 수 있는 두 가지 논의가 존재한다. 첫째, 몇몇 저자들은 스포츠에 미적 관심이 있다는 것에 깊은 감명을 받은 나머지 스포츠는 실제로 예술의 한 형태'라는 양자간의 실질적인 동일성 관계를 주장하기에 이르렀다. 또 다른 저자들은 이러한 동일성은 스포츠에서의 심미성의 역할을 잘못 해석한 것이라고 반박한다. 첫째 논점은 스포츠가 예술의 한 형태인지 아닌지 또는 될 수 있는지 아닌지에 관한 것이다.

이러한 문제에 대해 부정적으로 생각하는 사람들은 종종 두 번째 문제를 제기 한다. 만약 스포츠가 예술이 아니라면 틀림없이 그런 경우는 존재하지만 스포츠에서의 미가 반드시 존재한다고 가정한다면 스포츠와 미 사이의 정확하고 자세한 관계는 무엇일까? 이 장에서는 이러한 문제점에 관한 주요 입장에 대해서 알아보자.

예술로서 스포츠

많은 선수들은 스포츠활동을 예술의 한 형태로 표현하며 스포츠철학자들은 문학적인 글을 통해 그러한 견해를 지지한다. 대부분의 이런 선수들은 일종의 예술가로 인정받으며, 종종 그들이 참가하는 종목에서 미적 기준은 그 존재보다는 승리를 결정하는 요인이 된다. 그러므로 패기 프레밍(Paggy Fleming)을 포함해 톨러 그랜스톤(Toller Cranston), 존 커리(John Curry)와 같은 피겨 스케이트 선수들은 그들의 동작이 예술이라고 주장했으며 동작을 수행할 때 미적 동작을 도입함으로써 피겨 스케이트 종목에 대변혁을 일으키기도 했다. 게다가 스포츠의 미적 중요성에 관심을 가지는 철학자들은 스포츠가 적어도 어느 경우에는 예술 형태가 될 수 있다는 선수의 주장을 지지했다.[32) 이러한 논쟁은 전통적으로 많은 스포츠에서 미적 요소를 인식하는 동일성의 근거를 제시하기 시작했다. 하지만 동일성의 관계를 방어 수단으로 사용하는 반대 의견은 더 복잡한 양상으로 나타났다.

스포츠는 예술이 될 수 있다는 주장을 가장 지속적으로 그리고 강력하게 비난한 철학자는 데이비드 베스트(David Best)이다.[33) 논쟁은 대부분 베스트의 비판에서 출발하였으며, 스포츠가 예술이라는 관점을 옹호하는 사람들은 그의 주장을 맞받아치려고 시도했다. 따라서 이러한 관점에 대한 베스트의 비판 몇 가지를 간추려서 설명하는 일부터 시작하겠다.

베스트는 스포츠에서 강력한 미학적인 구성 요소가 존재하며 존재할 수 있다고 인정하면서 자신의 주장을 전개하였다. 또한 그는 '목적이 있는' 스포츠와 '미적인' 스포츠의 구별을 채택했으며, 목적이 있는 스포츠에서 미학적 요소는 우연적인 속성이지만 미적인 스포츠에서 그것은 승리를 결정하는 필수적 요소라고 규정했다. 목적이 있는 스포츠에서

---

32) 참고, 예를 들어 Anthony, W. J., "Sport and physical education as a means of aesthetic education," British Journal of Physical Education, Vol. 60, No. 179, March, 1968; Reid, L. A., '스포츠, 미, 그리고 예술,' British Journal of Physical Studies, Vol. 18, No.3, 1970; Boxill, J. M., '미, 스포츠, 그리고 성', Journal of the Philosophy of Sport, Vol. XI, 1984,(also reprinted in Morgan & Meier, philosophic Inquiry in Sport); 독특히 강한 옹호자는 스펜서 베르츠이다. 참고, 예를 들어 '스포츠와 예술에서 맥락과 의도성', in Morgan & Meier, op. cit.

33) 많은 저작들에서, 참고 예를 들어, '스포츠에서의 미', '스포츠는 예술이 아니다.' in Morgan & Meier, op. cit.

> … 미는 규범적, 상대적으로 중요하지 않다. 이러한 스포츠의 각각에서, 목적은 목적을 성취하는 태도에서 독립적으로 상세하게 되어질 수 있다. 목적이 규칙 혹은 규범, 예를 들어 점수를 얻으려는 방법과 아이거를 등반하는 것 등에 의한 제한을 따르게 된다.34)

하지만 미적 스포츠에서,

> … 그러나 미적 스포츠는 그 목적에 있어서 수중발레, 트램폴린, 체조, 피겨 스케이트, 다이빙과 같은 스포츠는 미와 동떨어져 특징지어 질 수 없다. 따라서 미적 스포츠는 목적이 성취방법과 동떨어져 간주될 수 없다. 예술과 유사하기 때문에 미적 스포츠로 불려 질 것이다. 수단과 동떨어져 동일시 될 수 없다는 기본적인 목적이 있을 것이다.35)

분명히 베스트는 미적인 구성 요소는 모든 스포츠에서 가능하며 심지어 어떤 스포츠에서는 반드시 요구된다고 인정하지만 그의 관점은 스포츠가 예술 형태라는 것은 스포츠에서의 미적 요소를 너무 쉽게 인식하여 예술이라고 주장할 수 없다는 생각을 옹호한다. 모든 종류의 행동이나 동작에서도 미적인 요소가 존재하지만 예술로서 분류하지는 않는다. 산봉우리 뒤에 펼쳐지는 저녁놀은 틀림없이 미적으로 즐거움을 주지만 예술이라고 하지는 않는다. 이와 같이 예술 형태라고는 주장하지 않지만 스포츠에서 필수적 요소가 되는 미적 요소에 어느 정도의 의미를 둔다.

즉 베스트는 미적인 것과 목적이 있는 스포츠가 비록 유사한 점이 있지만 그 사이에는 차이점이 있기 때문에 미적 스포츠를 예술로서

34) Best, David, '스포츠에서의 미,' in Morgan & Meier, op. cit., p.481.
35) Ibid.

간주하지는 않는다. 한 사람의 연기 점수에 목적을 두는 댄스 연기와 체조를 구별하는 대외적인 목적을 인정하는 것이다.[36] 또한 베스트는 스포츠와 예술의 두 상황에서 구별해야 할 점이 있다고 말한다. 미적 구성요소는 그 내부의 상황이 전개되는 것과 동떨어져 적당하게 간주될 수 없다고 주장한다.

> 춤을 출 때 한 손을 우아하게 움직이면 매우 감동적이지만 똑 같은 동작이 테니스의 서브 동작 또는 야구의 투구 동작에서 부적절하게 보일 수 있으며 이것은 특별한 동작을 완수하기 위한 전체적인 집중력을 손상시킬 수 있다.[37]

추가적으로 예술로서 스포츠를 완전히 인정할 수 없는 수단과 궁극적 목적을 구분하거나 두 가지 다른 상황을 이해함으로써 베스트는 미적인 것과 예술적인 것 사이에 중요한 차이점이 있다고 했으며 두 가지 활동(예술과 스포츠)은 동일시 될 수 없다고 주장했다. 한편 베스트는 예술은 결코 분명하게 규정될 수 없는 것이라고 주장했다. 예를 들어 우리는 발견된 대상이 예술로서 간주될 수 있거나 또는 더욱 일반적으로 한 대상을 예술로서 간주하기 위한 상대적 기준이 무엇인가에 대해서는 합법적으로 동의할 수 없다. 또한 그는 예술의 확실한 개념을 무의미할 정도로 매우 불확실하다는 것을 제외하고서 간단하게 모든 물건이 예술의 재료가 될 수 있거나 모든 활동이 예술로서 인정되는 것 이외에는 예술적인 것을 한정하는 특별한 경계선은 모호하며 논의할 여지가 있다고 인정한다. 특히 예술 형태가 무엇이든 간에 적어도 활기 있는 삶을 재현할 수 있다는 것에 대해서는

36) Ibid, p.482.

37) Ibid, p.484.

인정한다.

> 인생의 상황을 개념적으로 표현할 수 있다고 말할 수 있는 것은 독특한 예술의 형태일 것이다. 그러므로 예술은 특히 당대의 윤리, 사회, 정치 또는 정서적 문제와 관련이 있다. 전쟁과 경쟁 사회에서의 사랑과 같은 문제들을 체육인이 관심을 나타낸다고 상상하기는 쉽지 않다. 만약 그가 반응을 보인다면 이것은 그의 연기를 단축시킬 수 있으며 예술과 전혀 다른 것이 될 것이다.[38]

베스트는 그의 의견을 잘못 이해하지 않기 위해서는 스포츠 현장에서 일어날 수 있는 많은 극적인 상황, 심지어 미국의 흑인 선수가 올림픽에서 승리하였을 때 인종차별에 대한 항의로서 그의 주먹을 불끈 쥐는 것과 같은 당대의 문제를 대변할 수 있는 사건에 대해서는 인정한다고 주장했다. 극적인 상황, 심지어 비극적인 상황은 선수에게 언제든지 나타날 수 있다. 그러나 그것은 선수를 대신하는 상상의 인물이 아닌 그들 자신에게 나타나는 것이다.

> 비극적 연극은 가공인물을 생생히 묘사하는 것이며 실존 인물을 캐릭터로 설정하지는 않는다는 관행은 이해될 수 있다. 요점을 대략적으로 언급하면 예술의 중심 관행은 스포츠와는 대조적으로 상상물을 관심의 대상에 포함시키는 것이다.[39]

그래서 오이디푸스가 볼 수 없게 되는 비극의 무서운 장면은 등장인물에게서 나타나는 것이지 인물을 연기하는 배우에게 나타나는 것은 아니다. 이것은 예술 형태와 스포츠는 기본적으로 차이가 있다는

38) Ibid, p.488. 강조는 베스트의 것에 있다.

8) Best, David, "Sport Is not Art," in Morgan & Meier, op. cit., p.531.

또 하나의 특징이 된다.

이와 같이 베스트는 스포츠는 예술 형태이며 그렇게 될 수 있다고 주장하는 것은 잘못된 생각이라고 하였다. 미적으로 아무리 즐거운 스포츠가 있다거나 또는 아무리 중요한 미적 기준이 존재하더라도 위와 같이 기본적인 차이는 항상 존재한다고 주장했다.

많은 철학자는 베스트의 의견에 반대했으며 스포츠는 예술이 될 수 있다고 주장했다. 그들은 천천히 그의 주장에 대응했으며 의문을 품기 시작했다. 그 다음에는 대응에 대한 가장 중요한 점을 지적했다.

베스트의 주장 가운데 하나는 수단과 결과를 분리시킨다는 것이다. 심지어 스포츠에서의 미적 중요성이 존재한다는 그의 주장은 경기의 점수나 골인과 같은 행위 그 자체의 어떤 대외적인 목적을 추구하는 것이라고 할 수 있다. 반대로 예술에서는 목적과 결과는 그 행위 자체에서 분리될 수 없는 것이다. 그러므로 베스트는 점수를 얻는 것은 미적인 형식적 목적이며 코치가 미적인 것과 상관없이 점수를 얻는 것이라고 말하는 것을 이해할 수 있다. 경제적 투자를 목적으로 예술 작품을 사는 사람의 경우처럼 스포츠에서는 그 목적은 행위 그 자체가 형식적인 것이라고 그는 주장했다. 조셉 쿠퍼(Joseph Kupfer)는 이 의견에 대해 점수를 얻는 궁극적 목적은 형식적인 행동이며 스포츠 바로 그 자체의 본질을 나타내는 것이 아니라고 말한다.

> '점수를 얻기 위해서'가 의미하는 것은 시합을 하는 특별한 종목에 달려 있기 때문에 득점을 추구하는 것은 다른 수단으로 달성될 수 있는 목표는 아니다. 또한 득점을 추구하는 것은 경기의 궁극적 목적이 아니라 운동경기의 일부를 차지하는 경기방법의 한 목적이다.[40]

---

40) Kufer, Joseph, '스포츠－신체 전기', in Morgan & Meier, op.cit.

그래서 그는 베스트가 흥미를 끌기 위한 미학적 수단과 목적을 분리시키는 명확한 수단-목적 분리는 스포츠에서는 존재하지 않는다고 하였다.

테랜스 로버트(Terence Robert)는 쿠퍼의 의견에 동의한다. 그는 베스트의 분석에서 모호한 것으로 간주한 것을 바탕으로 반대하는 확장된 논의를 하였다.[41] 그것을 기초로 더 많은 반대 의견을 제시했다. 베스트가 예술에 대한 자신의 견해를 주장할 때 로버트는 그의 의견의 특징에 주목하면서 그 의견 자체의 독자적인 표현 방법에 주목했다. 베스트는 더 일반적인 용어에서 그 표현을 구성하기 위한 시도는 -이 그림은 인간에 대한 인간의 비인도적인 것에 대한 놀이를 하는 슬픔에 관한 그림이다- 하찮은 작품으로 이끈다. 그러나 베스트가 스포츠에 관심을 돌릴 때 로버트가 주장한 것처럼 배타적으로 예술의 특별한 목적의 중요성을 무시했기 때문에 점수를 얻는다는 것에 관한 일반적인 용어를 사용했다고 주장하면서 스포츠에서 점수를 어떻게 얻느냐는 중요하지 않다고 했다. 그러나 예술에서는 각각의 작품의 독창성을 강조하는 것은 중요하지만 일반적 개념은 중요하지 않다. 그러나 로버트는 예술과 스포츠 모두 일반적인 것과 특별한 것의 효율성을 인식해야 한다고 주장한다. 각각의 예술 작품에는 그 자체의 특수성이 있음을 주장한 베스트의 의견은 정당하지만 그는 또한 예술도 합리적이지 않은 일반성의 입장이 있음을 이해해야 한다고 주장했다. 유사하게 스포츠에서는 일반적인 입장이 존재한다

p.461. 쿠퍼가 스포츠가 예술이라고 주장하지 않았지만 그는 스포츠에서 미의 중요성을 강조하기를 원했다 것을 언급해야 한다.

41) Roberts, Terence, '스포츠, 예술, 그리고 특이성 : 베스트의 평등성', in Morgan & Meier, op. cit., pp.495~507.

(예를 들어 스포츠 프로그램을 통해 점수를 얻는 것). 그러나 특별한 종목, 특별한 목적 그리고 어떻게 점수를 얻느냐하는 특수성의 인식이 또한 존재한다. 두 의견 중에 한 가지를 선택한 베스트는 그가 당연하게 여겼던 것보다 스포츠와 예술의 차이를 더 분명히 한다.

> 그러므로 목적을 위한 종목에서는 점수를 얻는 다양한 방법이 있으며 예술 작품을 그리는 데는 한 가지 방법이 있다는 베스트의 주장은 근본적으로 애매한 표현보다 그 이상의 무의미한 것으로 보일 수 있다. 일반적인 관점에서 슬픔을 표현하는 데는 여러 방법이 있으며 점수를 얻는 데도 여러 방법들은 존재한다. 그러나 특수한 관점에서는 슬픔을 표현하거나 점수를 얻는 데는 단지 한 방법만이 존재한다.[42]

다른 이론가들이 상황이론이라고 말하는 베스트의 주장은 예술이건 스포츠건 어떤 행동이 동반되는 것은 그 상황과 관행에 달려 있다고 하는 것이다. 예술과 스포츠는 각각의 상황이 다르기 때문에 이 두 가지를 그럴듯하게 인정할 수는 없다. 스펜서 베르츠(Spencer Wertz)는 이 상황이론가의 주장에 대해 강력히 반발했다. 비록 우리는 행동에서 일어나는 상황과 관행을 고려해야 하지만 행위자의 의도 또한 고려해야 한다고 말한다. 만약 우리가 베스트의 이론을 따르면 예술과 스포츠의 차이점은 다시 한 번 그의 주장을 더욱더 흐리게 만들 것이다.[43]

베르츠는 특히 우리 시대에서 예술의 가치 기준은 결코 성립될 수

42) Ibid, p.503.

43) 예를 들어, Wertz, Spencer, '스포츠와 예술에서의 맥락과 의도' in Morgan & Meier, op. cit., p.523~525, 그리고 '스포츠와 예술에서의 재현과 표현'. Journal of the philosophy of sport. Vol. XII, 1985, pp.8~24.

도 없고 분명하게 인식되지도 않는다고 말한다. 예술에 포함되지 않았던 과거의 모든 활동들은 지금에 와서는 예술로 인정받고 있다. 심지어 예술 작품 그 자체를 놀이로 발전시키는 데 역점을 두는 '놀이적 예술(ludic art)'로 알려진 현대 예술운동이 존재한다. 그러므로 게임 창시자와 게임에 참여하는 사람과의 관계는 작곡가와 때때로 음악을 연주하는 음악가의 관계와 유사하다. 예술의 경계를 완화시키며 모든 활동과 목적을 예술로서 간주하면서 스포츠를 계속해서 그 영역에서 제외시키는 것은 독단적인 태도일 것이다. 관능적인 춤과 예술 작품이 인간의 배설물 속에 들어가게 되면 예술로서의 스포츠는 완전히 보잘 것 없어 보일 것이다. 최근에는 중요할 정도로 예술이든 스포츠 행동이든 예술로 간주되는 것은 사람들이 수행하는 활동이 기능적인 목적이 될 수 있다.[44)]

목적이 있는 예술 작품이 질이 낮더라도 그것 또한 예술로 간주된다. 이러한 이유 때문에 베르츠는 만약 운동선수가 그가 한 행동이 예술이라고 생각하면 그 속성을 부인할 이유가 없다고 말한다. 만약 많은 체육전문가들이 그들의 행동을 예술이라고 생각하면 그 속성을 부인할 이유가 없다.

> 만약 많은 체육 전문가들이 그들의 행동을 예술로서 생각하기 시작하고 더 이상 비예술적 감각으로 체육에 접근하려 하지 않는다면 이것은 운동으로 점점 변화해 갈 것이다. 이러한 변화는 1968년 그리노블 동계올림픽에서 페기 프레밍(Peggy Fleming)의 미학 이론에서 나타났다. 사람들은 스포츠에 관한 그들의 모든 행동과 말을 바꾸게 되었다.[45)]

44) Wertz, Spencer, '스포츠와 예술에서의 재현과 표현', op. cit., p.10.
45) Ibid, p.14.

베르츠의 말에 의하면 운동경기 참가자의 의도뿐만 아니라 행동의 상황과 관계를 고려함으로써 스포츠와 예술의 경계는 훨씬 흐려질 것이며 약화된 예술형태로 스포츠를 간주하지는 못할 것이다.

베스트의 세 번째 견해는 예술 형태는 현대의 사회적, 윤리적, 정치적 문제를 설명하는 인생 상황을 재현할 수 있지만 스포츠는 그러한 가능성이 없다는 것이다. 그러나 많은 이론가들은 이런 주장에 반대했다.[46] 표현의 태도, 특성, 인생 상황, 심지어 윤리는 스포츠 상황에서도 만연되고 있다고 말한다. 체조 선수나 빙상 스케이트 선수의 연기 프로그램은 활기, 슬픔, 고독을 동시에 표현한다. 많은 경우 스포츠에는 용기와 장애극복, 강요에 의한 경기수행에 관한 인생 자체를 표현하는 교훈이 있다.

> 소설, 영화, 연극과 같이 경쟁스포츠는 인물의 복잡성뿐만 아니라 그들의 개성, 정신구조까지도 우리에게 나타내며 미적 이익을 창출한다. 어떻게 영웅이 1분 사이에 악인으로 변하는지 또한 운동선수가 어떻게 역경으로부터 다시 일어서는지 반대로 그렇지 못하는지 하나의 스포츠 행동이 어떻게 승리를 이끌며 1년 동안 심지어 전체 과정을 훌륭하게 이끄는지 고려해야 한다.[47]

따라서 우리는 스포츠의 사회학적 위치에 관한 문제의 중요성을 토론한 3장을 다시 한 번 기억해 보자. 예를 들어 만약 지배적으로 백인 학생이 많고 학교에서 흑인 학생이 알아들을 수 없는 말로 구성

46) 예를 들어, 베르츠, 같은 책., 16쪽, 복실, 잔, '미, 스포츠, 그리고 성,' 그리고 쿠퍼의 잔 북실의 미, 스포츠, 그리고 성에 대한 논평, both in Morgan & Meier, op. cit. pp.509~522.

47) Kupfer, op. cit., p.521.

된 토너먼트에 참가했다고 상상해 보자. 농구의 경우에 흑인이라고 불리면서 때때로 창조와 게임, 개인 스타일이 백인 아이들과 구별될 수 있다. 선수는 인종에 무관하게 백인 플레이 또는 흑인 플레이라고 할 것이다. 분명히 이러한 문제는 한 선수가 게임에 임하는 스타일에 의해 나타날 것이다.

베스트는 일부 예술 안에 허구적 또는 상상의 요소를 지적함으로써 이런 관점을 정면으로 반박하려고 시도했다. 오이디푸스가 무대 위에서 장님이 되었을 때 또는 오델로가 화가 났을 때 우리는 이것은 연극의 등장인물이며 그 행동에 직접적으로 고생하는 것은 배우 자신이 아님을 안다. 그러나 스포츠에서 이러한 차이점은 나타나지 않는다. 만약 풀백이 상처를 입었으면 이것은 개인 선수에 해당하는 것이지 풀백의 위치가 다친 것은 아니다. 충분한 사실이지만 베스트의 예는 연극 예술에서 거의 특수한 것일지 모른다. 예를 들어 우리는 사랑스런 아디지오의 슬픔을 표현한 것은 바이올린 연주자이지 최초의 바이올린 장이라고 말하지 않는다. 반 고호가 그의 작품에서 열정을 강력하게 표현하기 위해 개인적으로 고생한 화가라는 점을 우리는 부인하지 않는다. 이와 같은 경우에 예술 상황은 운동선수의 경기 참여 방법에 대한 열정과 개인의 입장을 또한 표현하는 것과 더 밀접하게 관련 있는 것처럼 보인다.[48)]

베스트는 우리가 기대한 것처럼 적어도 이러한 반론에 대해 반응을 보여주었다. 스포츠가 예술의 한 형태가 될 수 있거나 그렇지 않

48) 나는 가장 최근의 스포츠철학저널(15권, 1988년)의 문제에서 이 관점을 구성한 하였다. 크리스토퍼 코드너의 논문, '스포츠와 예술의 차이'가 있다. 그리고 그가 pp.40~41쪽에서 유사한 관점을 가졌다. 이 논문은 문헌에 훌륭하게 추가되었다.

거나에 관한 논쟁에 적절하게 다루어져야 한다는 베스트의 의견에 주의할 필요가 있다.

적어도 목적을 추구하는 스포츠에서는 결과를 얻으려는 수단과 결과의 분명한 구별이 있으나 예술에서는 이러한 구별이 불가능하다는 자신의 주장에 관해서 아직도 베스트는 기본적인 입장을 고수했다.

> 예를 들어 득점을 목적으로 하는 축구의 속성을 정의하는 데는 적어도 다양한 수단으로 표현될 수 있다. 상대방보다 더 많은 골을 넣으면서 아름답지 못하고 서투른 경기 운영을 정당화시키는 팀의 감독은 미움을 받기는 하지만 예술가가 그의 작품의 목적을 어떻게 달성하느냐는 중요하지 않다고 말하는 것은 이해가 되지 않는다.[49]

베스트는 쿠퍼와 로버트와 같은 의견으로 자신을 지나치게 주장하지는 않지만 이전의 주장을 반복하는 것처럼 보인다. 특히 베스트는 수단과 궁극적 목적은 그렇게 쉽게 스포츠에서 분리될 수 없으며 어떤 경우에는 스포츠의 목적은 스포츠 자체의 행동이 대외적으로 나타나는 것이지 게임을 구성하는 일부라고 하는 쿠퍼의 의견에 별다른 반응을 보이지는 않았다. 스포츠의 일반적인 경우와 예술의 특수성 사이를 모호하게 표현한 로버트의 관찰에 대해서도 반응을 보이지 않았다. 사실 베스트는 예술은 평범하고 진부하다고 주장하면서 일반적 상황에 대해서 지속적으로 언급했다.[50] 그러나 반복된 입장을 고수하는 것은 논쟁을 반대하는 것이 아니기 때문에 우리는 수단과 목적 사이의 차이점에 대한 문제를 예술이 아닌 목적을 추구하는 스

49) Best, David, '스포츠는 예술이 아니다.' in Morgan & Meier, op. cit., p.531.

50) Ibid., p.536.

포츠에서 창출된 것이라고 말할 수 있다. 그러므로 예술과 스포츠의 기본적인 차이에 대한 논쟁은 여전히 무한한 논쟁거리가 될 것이다. 또한 스포츠와 예술에서 일반적인 것과 특수한 것 사이에는 정당성이 존재할 수 있다.

로버트는 주어진 행위가 예술인지 아닌지를 결정하는 데 있어서 참가자의 의도를 정확히 설명하지 못하는 상황이론가라고 생각하는 베르츠에 관해서는 직접적으로 부인했다. 그는 어떤 문제이든지 간에 상황과 목적 사이에서 정확한 현상의 특징은 상호 의존적이어야 한다고 주장한다.

> 사실, 나는 목적의 상호 연관성을 부인하지 않는다. 목적은 바로 사건의 보편적인 상황에 달려 있다는 것이 나의 견해이며 만약 그런 상황이 존재하지 않으면 관련된 목적 가설은 이해할 수 없게 될 것이다.[51)]

그럼에도 불구하고 베스트는 지속적으로 지향성을 지나치게 강조한 자신의 주장에 반박하는 베르츠를 비판했다.[52)] 이러한 논쟁에서 비록 두 참가자의 논쟁 의도는 불명확하지만 주어진 활동에 대한 상황과 관례 그리고 참가자의 의도에 대한 기본적 동의는 현대적 의미가 있다. 그러나 일치되는 강조 사항은 서로 다르며 베스트는 목적보다는 상황을 강조하며 베르츠는 상황보다는 목적을 강조한다. 이런 문제는 너무 복잡하여 미묘한 차이가 있으며 예술철학뿐만 아니라 스포츠철학에서 이러한 논쟁에 대한 해답을 찾기란 좀처럼 쉽지 않다.

이러한 상반된 관점은 두 개의 중요한 흥미 거리를 제공한다. 주어

---

51) Ibid., p.529.

52) Ibid., p.534.

진 활동과 상황을 가지고 스포츠와 예술을 구별하는 것은 상상력이 풍부하게 가미된 작품, 인생 문제의 개념적 표현은 단지 예술에 적용할 수 있다고 다시 한 번 강조했다.[53] 그는 배우와 연기하는 등장인물과의 차이점을 예를 들어 풀백과 그 위치에서 역할을 수행하는 선수와의 차이점을 다시 한 번 강조했다. 그러나 우리가 알고 있는 것처럼 일반적으로 예술과 스포츠 사이를 구별하는 요소는 연극예술에서 그 차이가 두드러질 것이다. 다시 한 번 스포츠와 예술의 기본적인 차이점이 무엇으로 구성되는가에 관한 질문을 생각해 볼 수 있다.

마지막으로 베스트는 그를 비판한 많은 이론가들은 지속적인 미학적 문제를 구별하지 못한다고 강조했다. 그리고 예술적 문제는 스포츠와 예술의 차이를 구별하는 기본 사항임을 강조했다.[54] 이것은 예술과 스포츠의 관계를 구별하는 데 있어서 명심해야 할 사항이다. 한 번 베스트 자신도 미학적인 문제만으로 예술과 스포츠를 구별하는 것은 무리가 있다는 것을 인정하였다. 이와 같이 미학적 관심을 참고하지 않고 그 개념을 지속적으로 정립되었던 것이다. 베스트와 다른 이론가들이 그런 계획에 성공하는 것은 여전히 문제를 개방적으로 받아들이기 때문이다. 예술과 스포츠에 관한 논쟁을 대두시키는 최종 사항 중의 하나는 여기에서 강조되지는 않았지만 각각 경쟁의 상반된 속성과 함께 취급되어야 한다는 것이다.

그러나 예술에서 경쟁이 존재하는 것은 예술의 고결성에 타협하는 비참한 현상으로 보통 간주되며 스포츠에서는 중심적인 현상의 하나이며 실질적으로 최종적인 행위이다.[55] 틀림없이 예술가 사이에서도

53) Ibid, p.533.

54) Ibid, p.534.

경쟁은 있다. 훌륭한 관현악단에서 제1의 첼로 연주자가 은퇴한 후 후계자는 원하는 사람 중 경쟁에 의해 결정될 것이다. 유명한 전시장에서 그의 작품을 출품하고 싶어 하는 화가들 사이에서도 치열한 경쟁이 있을 것이다. 그러나 아무도 경쟁을 예술의 필수적인 속성의 일부라고 생각하지 않으며 바람직하지 않은 것이라고 생각할지 모른다. 그러나 스포츠에서의 경쟁은 누가 최우수 선수이며 누가 이기고 누가 지는가에 대한 상황 설정을 하는 것은 바로 선수의 진취적 기상이 중요하다는 것이다(낚시나 스키는 비경쟁적인 과정이지만). 종종 우리말의 운동선수의 어원인 그리스의 Athlon이란 말은 Prize를 의미한다. 스포츠의 경쟁적인 측면은 피상적이며 무서운 경쟁은 훨씬 보기 좋다고 생각하는 사람은 아무도 없다. 스포츠와 예술에서의 경쟁 속성은 두드러진 차이점이 있다고 할 수 있다. 스포츠에서의 경쟁은 보통 하나의 구성요소이며 긍정적인 현상으로 보고 있지만 대외적으로 표출하는 것은 부정적 요소로 작용한다.[56]

이런 논쟁 이외에도 또 다른 문제점을 생각할 수 있다. 그 문제는 정말로 해결되어야 하는가? 한 가지는 스포츠와 예술을 적절하게 구별하기 위해 적어도 예술과 스포츠의 특징을 분명하고 주의 깊게 정의할 필요가 있다. 아직도 이 두 가지 용어는 윤곽을 그리기가 어렵다. 그러나 이 논쟁은 중요하지 않을 지도 모른다. 차이점에 관심을 가지기보다는 중요한 유사점에 관심을 가져야 하는 것이 아닌가? 특

55) 이러한 논의를 위하여 나의 논문을 참고하라. '힘이 관대해졌을 때 : 스포츠와 예술의 친밀성,' 다시 생각하는 대학운동경기, edited by Judith Andre and David James, Philadephia, Temple University Press, 1990.

56) 이런 차이에 대한 점성화를 위하여 같은 책을 참고하라.

히 스포츠철학자에 관해 모든 사람이 동의하는 것처럼 보이는 스포츠의 미적 구성요소의 특징과 중요성에 대하여 우리의 생각을 집중시키지 말아야 하는가?[57] 다음에서 나는 단지 이 문제에 대해 논의할 것이다.

예술과 놀이의 자세

스포츠의 미적 요소에 관해서는 이미 대부분을 설명했다. 실질적으로 모든 스포츠에서 우리는 미적 언어로 설명되는 훌륭한 선수의 기품 있고, 아름다우며, 창조적인 동작에 대해 칭찬한다. 게다가 선수의 미적 요소가 승리를 결정하는 기준이 되는 체조, 다이빙, 피겨 스케이트, 수중 발레와 같은 종목을 우리는 미적 스포츠라고 이름 붙인다. 우리는 이제 스포츠와 예술의 유사한 점을 어디서 찾아야 하는가를 알아볼 필요가 있다. 공유된 미학적 어휘 또는 어떤 경우에는 공유된 미적 기준이라는 근거로 더 밀접한 유사성이 있는가? 나는 예술가와 운동선수는 기본적으로 세계를 향하는 유사한 입장, 상황을 전개하는 유사한 방향, 경험을 나타나는 태도형태를 서로 공유하고 있다고 제안하고 싶다. 이 공유 입장은 이미 전술한 예술과 스포츠의 미적 유사의 원천일지 모른다. 공유 입장에 대해 지금부터 설명할 것이다.[58]

나는 스포츠와 예술에 의해 공유된 입장은 놀이의 입장이라고 말하고 싶다. 방향으로 특징지어지는 놀이의 기본적 요소에 관한 두 가

57) 점성술에 빠진 친구를 관찰하지 않을 수 없었다; 점성술적 장의 네 번째 집이 예술과 스포츠에 대하여 지배한다.

58) 다음의 것들은 나의 논문에서 아주 상세하게 해결할 것이다.

지 모범적인 예가 존재한다. 그 입장은 무엇인가? 처음에는 스포츠경험의 현상학이라고 불려 질지 모른다. 상상력을 발휘해 자신이 가장 좋아하는 스포츠를 택하여 놀이에 참가함에 따라 자신의 입장에서 태도 형태와 존재하는 형태에 대해서 생각해보자. 사건에 대처하는 일상생활에서의 입장과 위에서 서술한 입장을 구별할 수 있는 것은 무엇인가? 나는 다음과 같이 제안하고 싶다.

자신이 게임에 임할 때 선수로서 첫 번째로 요구되는 것은 일상의 경험에서 요구되는 것보다 경기 상황에서 일어날 가능성이 있는 것에 대해 더 많이 인식하는 것이다. 축구를 할 때는 나의 팀과 한 선수의 위치를 지속적으로 인식하는 것이 요구된다. 동시에 우리 팀의 움직이는 방향을 알려고 노력해야만 하며 우리 팀을 방해할지 모르는 상대방 선수의 위치와 움직임을 또한 인식해야 한다.

여기에서 이러한 모든 상황을 단지 이해하는 것이 아닌 일어날 수 있는 상황에 대해서도 알아야 한다는 것이 중요하다. 자신에게 책임지어진 선수는 더욱 더 중요하다. 볼 그 자체, 골인, 점수, 특히 경기장과 남아 있는 시간(그것은 게임의 시간과 공간으로 정의할 수 있는 것), 즉 이 모든 것은 만약 내가 플레이를 한다면, 나는 개방해야 하는 모든 것들이다. 하물며 교실에서 그 다음 교실로 걸어갈 때, 쇼핑하는 동안 다른 가게로 이동할 때와 같이 자신의 주위에 주어진 모든 환경에서 기본적으로 가능한 범위를 인식하는 것이 중요하다. 내가 주장하는 것은 우리가 후자를 잘 잊고 있다고 말하는 것이 아니고 오히려 스포츠상황에서 폭넓은 시야를 증가시켜야 한다는 것을 말하는 것이다. 놀이의 현상학에서는 목적구조는 항상 개방되어 있다.

그러나 최상의 이해가 요구될 때 이것을 간단하게 인식하면 자신은 좀처럼 훌륭하게 축구 경기에 임할 수 없을 것이다. 폭넓은 시야를 위한 전반적인 관점에 대해서 나는 일어날 수 있는 상황에 대해 강력하게 그리고 훌륭하게 반응할 수 있게 할 것이다. 만약 내가 나를 책임지는 선수보다 더 빠르게 움직여야 한다고 경기의 과정을 잘 판단한다면 그것은 상대방의 패스를 차단함으로써 인식될 것이다. 또한 우리 동료의 공이 골인이 되는 것을 차단하기 위해 가깝게 우리 선수를 맡고 있는 것을 알아차린다면 공을 높게 차서 상대방의 차단을 저지할 수 있을 것이다. 또한 운동장에서 나의 앞에 놓인 위치, 남은 경기 시간, 점수에 대해서 결코 게을리 하지 않을 것이다. 앞으로 나타날 가능성을 적절하게 대응하는 한 나는 경기를 잘 소화해 낼 것이다. 놀이의 현상학적인 두 번째 중요한 구조는 개방성이다. 개방성과 함께 이것은 놀이의 자세라고 말하는 수용개방성이다.[59]

분류와 제한의 몇 가지 지적은 수용개방성이 놀이의 자세라는 나의 주장에 한정하여 처음으로 형성되었다. 첫째로 나는 수용개방성을 즐거운 경험에서 만들어진 특성이라고 주장하지는 않는다. 이것은 약간의 수용과 약간의 개방을 인식하는 사람을 지칭하는 것일지도 모른다. 이것은 오히려 놀이에서 그러한 특성이 요구되는 것이 더 강화되면 결국에는 중심적인 특성과 우리의 행동 형태로 될 것이라는 것이다. 여기서 우리는 정도의 문제를 거론했다. 두 번째로 개방적인 반응은 나는 게임에 임할 때 규칙에 순종하거나 승리하기 위해 노력하거나 하는 행동을 말하는 것은 아니다. 우리가 참가하는 게임의 행동 형태에 따라 규칙이 무엇이든 간에 이용하는 전략이 무엇이든 간에 더 기초적일 수도 있으며 더 근본적일 수도 있으며 놀이의 자세의 맥락 안에서 일어날 수 있다.

---

59) 나는 다음 장에서 대단히 길게 이 주제에 대하여 논의 할 것이다.

스포츠에서 놀이의 자세로서 수용개방성에 대한 간단한 요약을 위하여 너무나 많이 시도하였다. 지금 나는 병행의 주장이 예술의 자세 대신에 형성된다는 것을 제안하기를 바란다. 다시 말해서 우리가 선택한 예술의 형식은 어떠한 것이라도, 나는 예술로서 예술가가 물질을 향하여, 환경을 향하여, 그리고 예술 자료를 수용할 것을 제안하는 것이다.

내가 다시 제안하였던 지향 혹은 자세는 일종의 수용개방성이다. 다음의 예를 생각해보자. 내가 내 집 근처의 숲을 통과해서 걷을 때, 나는 셀 수 없이 떨어지는 나뭇잎, 다양한 모양의 통나무들, 이런 저런 길에 뒤엉킨 큰 가지들을 지나치게 된다. 나는 때때로 그것을 지각한다. 특히 그것이 더욱 많이 일어나지만 나는 분명하게 지나친다. 그러나 나무 조각가는 내가 수용한 것과는 매우 다르게 반응한다. 혼합물, 모양들, 나의 조각들에서 변화를 날카롭게 깨닫는다. 각각의 특성들은 가능성과 함께 충만함으로 짧은 깨달음을 수용하는 나뭇가지들을 볼 수 있다. 그래서 무수한 많은 길에서 그는 내가 이전에 아는 것보다 더 나무의 가능성과 질에 대하여 더 잘 인지하고 열려있다는 것을 알게 된다. 그러나 그는 알기위한 것보다는 어떤 다른 목적을 위한 이러한 질들에 대하여 민감하게 수용하고 관찰하는 이론적인 식물학자는 아니다. 그는 예술 작업에서 나무를 형성하는 것에 대하여 개방적으로 수용할 뿐이다. 그것이 사발과 탁자 혹은 아마도 유독 보상의 대상 그리고 놀라운 대상인 추상적인 일이다. 나무에 대하여 그래서 그를 구별하는 것과 그를 오늘날의 예술가로 만드는 것은 바로 수용개방성의 자세이다.

시란 무엇인가, 만약 말, 언어의 가능성에 더욱 개방적이지 않다면 그것들에 더욱 수용적인가? 화가의 수용성, 빛에 수용성 그리고 색,

진흙과 형태에 관한 도자기공, 소리와 리듬에 대한 음악가, 공간과 시간, 인간 신체의 움직임에 대한 무용가. 특별한 예술작품으로부터 예술가의 자세는 나타난다. 어떤 것이 예술가를 만들고 예술가가 오늘날의 나를 만든다는 예술가의 자세는 수용개방성이다.

그것은 스포츠에서처럼 예술에서도 아무런 가치가 없다. 이런 수용개방성이 때때로 나타나는 하나의 방법은 그 활동에 대한 특별한 지식일 것이다. 우리는 예술가의 민감성에 대한 빛과 색에 대한 화가의 높은 개방성이라고 부른다. 우리가 예술가의 지식 혹은 기술을 요청하는 성공적인 그림을 그리는 것으로 그러한 방법에서 그 민감성을 수용하는 능력이다. 태도와 같은 선상에서, 레디 버드 (Larry Bird) 혹은 매직 존슨(Magic Johnson)은 농구 코트에서 생겨나는 것에 대하여 훨씬 더욱 깨닫게 된다. 가능한 플레이를 인식하는 것과 성공적으로 수용하는 순수성 보다는 더욱 잘 할 수 있다는 것은 게임에 대한 그들의 지식과 같다. 우리는 이러한 종류의 지식(스포츠와 예술에서 나타나는 수용개방성)은 현대 인식론자들이 대단히 주목을 하는 것 가운에 하나라는 것을 제안한다.

하나의 특별한 예를 가지고 더욱 분명하게 스포츠와 예술의 친밀성을 가지도록 시도해보자. 나는 스포츠의 예로서 농구를 선택할 것이다. 농구는 확실하게 나에게 그 친밀성의 첫 구조를 선사했던 게임이다. 경계, 농구대의 위치, 모든 문헌적인 게임의 규칙들은 게임에게 너무나 모호해서 게임 자체의 주변에 있을 수밖에 없는 하나의 구조를 제공한다. 우리는 결코 그러한 제한에 동의할 수 없다. 어떤 다른 조건들 하에서만 우리는 한손으로 공을 바운드 시킬 때만 공을 가지고 움직이는 것에 동의할 것이다. 50~90피트 정사각형 안에서만 할 수 있는가? 이러한 구성적인 구조에서 코치는 선수가 따라야만 하는,

점수를 위한 기회를 최대화하도록 마련된 전형적인 움직임 형태를 추가한다. 반대로 움직임 형태에서 각 선수는 즉흥적으로 해야만 한다. 과연 나를 방어하는 사람이 나에게 너무 밀착하기 때문에 나는 나의 동료의 위치를 알지 못하게 될까? 그래서 나는 그를 이끈다. 그래서 그는 나의 완전한 팀 동료 중의 한 명에게 달려간다. 그리고 나는 슛을 위하여 자유롭게 한다. 혹은 그는 너무나 시선을 고정시키기를 갈망한다. 그래서 그가 나를 멀리서 관찰하는 두 번째, 나는 골대를 위하여 그를 지나친다. 참으로 농구의 많은 매력은 하나의 구조 안에서 즉흥 동작을 하는데 이용할 수 있는 창조적인 행동과 흥분과 관계가 있다.

그러나 즉흥연기는 많은 예술 형식의 중심적 주제에 불과하다. 재즈나, 모던 댄스에서 즉흥작품은 무한의 가능성 중에 하나이다. 한 재즈 팀은 어떤 구조, 아마도 독특한 단서 혹은 열려 있는 주제들 중에서 하나의 진술을 가지고 시작한다. 그리고 그 구조 안에서 재즈작품은 팀이 달성할 수 있는 특별한 즉흥작품이 된다. 참으로 우리는 사실적으로 말할 수 있다. 기존의 재즈작품의 성공은 즉흥무용을 만들기 위한 무용가의 성공과 관계가 있다. 나는 구조가 설정된 각 움직임 장면이 7가지 수를 가졌음이 틀림없는 현대무용공연을 보았다. 그 구조 안에서 춤은 무용수들의 즉흥작품이라고 할 수 있다. 혹은 아마도 유일한 구조는 무용수들이 서로 서로의 약간의 신체접촉을 유지해야 한다는 것이다. 즉 지금 접촉 즉흥작품이라고 불리는 춤의 가능성이 있다. 그것의 가능성은 우리 대부분을 위한 그들의 호소 중앙에 있다.

나의 입장은 모든 스포츠와 모든 예술이 즉흥연기에 토대가 형성되어 있다는 주장이 아니다. 내가 추측할 때 다양한 스포츠와 다양한 예술 형식 사이의 기본적 차이 중 하나는 많은 즉흥연기와 관계가 있다는 것이다. 농구는 100미터 달리기보다 더 즉흥적이라는 것은 의심할 여지가 없다. 그리고 재즈는 활기차게 기록된 협연보다 더 즉흥연기를 위한 기회를 제공한다. 여전히, 완전한 즉흥연기 없는 스포츠 혹은 예술 형식을 생각하기 어렵다. 아마도 우리는 움직임의 명확한 조화를 강조하는 수중발레를 제시할 수 있을 것이다. 하지만 수중발레의 활동에서 즉흥무를 발레안무가에 의해서 수행 할 수 있는가? 그리고 분명한 음악연주에 이용되고 있다. 조각 그 자체는 작가의 수용된 구조 안에서의 즉흥작품이라고 할 수 있다. 우리가 알고 있는 것처럼 더욱이 기획자와 연주가에 의하여 적어도 약간의 해석을 위한 틈은 항상 남아있다. 그래서 우리는 즉흥연기가 모든 스포츠와 모든 예술에서 다소간 역할을 한다는 것을 알 수 있다. 그것의 가능성은 많은 사람을 위한 그들의 호소의 중앙에서 찾을 수 있다.

그러나 즉흥연기는 수용개방성의 부름이다. 그것은 우리에게 곧 어떻게 우리가 가능성을 개방할 수 있는지, 우리가 어떻게 가능성을 수용할 수 있는지를 알게 해준다. 그러한 것처럼 그것이 스포츠와 예술에서 발견되는 한에서, 그것의 가능성은 스포츠와 예술의 본질적 영역에서 주제가 된다. 그것은 스포츠와 예술사이의 친밀성에 대한 증거이다. 여기서 나는 수용개방성이 어려운 즉흥연기의 표현보다 더 주제의 특성이라는 것을 강조한다. 예를 들어 우리는 수용개방성을 초기에 받아들여졌던 것이 즉흥연기의 진실이라는 것을 관찰하게 되었다. 많은 것들에서 즉흥연기의 요소가 있다. 만약 거의 모든 활동이 아니라면, 사실은 단지 어떤 활동에서처럼, 스포츠와 예술같이 수용개방성의 중요성과 요구를 여기서 높여준다. 나는 즉흥무용은 스포츠와 예술에서 나타나는 것뿐만 아니라 그러한 활동의 명확한 주제에서도 나타난다는 것을 제안한다. 우리 활동의 가능성은 종종 즉흥연기를 위한 우리 능력이 개방적이고 수용적으로 기능하는 것에서 찾을 수 있다.

스포츠와 예술의 긴밀한 관계

예술과 스포츠에서의 공유된 수용개방성에 관련해서 말했던 것은 두 분야가 아무튼 동일하다고 주장하는 것을 의미하지는 않는다. 앞에서도 요약했듯이 이와 같은 논쟁은 유사성보다는 차이점에 더 많은 흥미를 가지고 있는 이론가들에 의해 계속 연구될 것이다. 나는 예술과 스포츠가 세상을 바라보는 유사한 입장과 자세를 공유한다는 것과 그 입장이 얼마나 중요하며 바람직한가 하는 완전한 방법을 오히려 강조하고 싶다. 그리고 나는 약간의 이러한 자세가 의사나 법률가가 되는 것, 소매치기나 마피아가 되는 것과 같은 대부분의 활동으로부터 스포츠와 예술을 구별할 수 있다는 주장을 하는 것은 아니다. 그들의 계획의 맥락에서 이 모든 활동은 또한 수용개방성이라고 말할 수 있다. 일단 예술과 스포츠의 친밀성이 성립된다면, 정당한 의문이 유사한 자세를 공유하는 또 다른 활동으로부터 그들의 친밀성 내에서 확실하게 구별될 수 있을 것이다. 이것은 복잡한 문제이며 지속적인 대답이 요청되는 것이다.

간단하게 초기 수용을 요약하기 위해서, 이러한 차원에서 우리는 차이점을 결정지을 수 있는 네 가지 기본 요소들을 제안하였다. 첫째는 두 분야의 본질적인 민감한 특성의 파생물은 초기의 스포츠와 예술의 심오한 미학적 차원이다. 둘째와 셋째는 단수한 현존에 대립하는 것으로서, 예술과 스포츠의 시간성과 공간성의 유한성을 강하게 주체화하는 것이고 유한성을 가능성으로 전환시키는 도전이다. 많은 활동들이 시간적으로 또는 공간적으로 나타나게 된다. 솔직한 주제 또는 중심과제를 한정하는 방법으로 구성된 것이 거의 없으며 가능성으로 전환되는 유한성, 게임 자체의 가능성, 예술 작품과 같은 유한성에 도전하기 위함이다. 넷째는 다시 목적론적으로 설명할 수 있는 재미는 주제에 대한 토론이다. 많은 활동은 재미있으며 상대적으로 예술과 놀이에서 최선을 다하는 것과 같은 분명한 목적이 있으며 즐거움을 동반할 수 있는 것은 흔하지 않다.

이것들은 참으로 복잡한 문제이다. 더 깊이 있게 생각하기 위한 기초를 준비하기 위하여, 우리는 스포츠와 관련된 수용개방성에 대한 자세를 더 깊이 있는 함축적 의미는 무엇인가에 대해서 생각해야 한다. 이것은 우리가 지금 넘어가려고 하는 마지막 장의 과제일 것이다.

6 장

스포츠의 자세

이미 1장에서 우리는 미국에서 스포츠의 엄청난 문화적 중요성에 대하여 말해왔다. 요한 호이징가는 그의 저서 '호모 루덴스'에서 이것은 특별히 미국적인 현상만은 아니라는 것을 길게 적고 있다. 그는 원시시대부터 근대까지의 문화의 변천과 발전 단계에서 스포츠와 놀이는 그 문화의 핵심으로 존재해 왔다고 말한다. 이 마지막 장에서 인간이 왜 놀이를 하는지에 대한 문제를 제기할 것이다. 특히 스포츠와 놀이라는 매우 중요하고 분명한 변용문화를 가진 인간이 제안하는 것은 과연 무엇인가? 나에게 허용되는 한에서 나는 이 문제에 대한 하나의 대답을 듣기를 원한다. 그러나 그것은 확실히 유일한 것도 가장 정확한 것도 아니다. 나는 그것이 적어도 그 논의를 진일보 하게하고 우리 이전에 그것이 유지되기를 희망한다. 이 질문에 대한 우리의 반응이 어떤 것이라도, 우리는 인간이 왜 대단한 매력을 가진 놀이를 하는가에 대한 문제를 지속적인 관심이 필요하다. 이것이 아마도 모든 스포츠철학에 있어서 기본적인 질문일 것이다.

수용개방성으로서 놀이의 자세

마지막 장에서 나는 놀이의 자세, 즉 수용개방성으로 불려지는 내용을 해결하는 것으로 이 과제를 시작하였다. 앞 장에서 언급한 내용을 간단하게 재검토하고, 이 내용을 전개하기로 하겠다.[60] 우리가 놀이를 하고, 그래서 스포츠를 접하게 될 때, 그 게임에서 일어나는 것들에 정말로 개방적이게 되고 의식을 함으로써, 자신들의 본 모습을 알 수 있게 된다. 더욱이, 수용개방성이 필요한 곳이 스포츠나 놀이뿐만 아니라 다른 여러 활동들에서도 마찬가지이다. 이렇게 이야기하는 것은 다분히 이론적이다. 그것은 바로 게임 자체가 갖는 분석적 측면에서 그렇다는 것이다. 발생되는 것이 무엇이든 얼마나 개방적일 수 있느냐는 것이다.

다른 한편으로 개방성이란 그 자체로는 수동적인 관찰일 뿐이다. 두 번째 요소인 놀이의 자세는 수용성이다. 놀이 상황은 우리가 얼마나 그 상황과 개방성이 드러내는 가능성에 대해 수용적인지를 말해준다. 우리는 반드시 그러한 가능성을 감성적으로 대하여서는 안 된다. 반드시 놀이에 전적으로 몰입하여 그것들을 능동적으로 수용해야 한다. 또한 그러므로 개방성과 수용성이라는 두 요소는 놀이의 자세 즉, 수용개방성에 가장 기본적인 측면을 구성하게 된다.

여기서 약간의 분류를 하면 다음과 같다. 첫째로, 만약 스포츠와 놀이에서만 수용개방성이 독특한 것으로 놀이를 통해서만 표현되고 놀이의 진정한 정의를 구성하다면 그것은 정말 옳지 않은 일이다. 예

60) 이 장의 나머지는 나의 책에서 상세하고 대단히 길게 꾸민 단순한 방법에서 나타난다. 놀이의 질문. Lanham, Md., University Press of America, 1984. 특히 4장, 6장을 참고하라.

술을 포함한 많은 활동들도 수용개방성을 표현한다. 그러므로 낮은 수준의 개방성과 수용성은 바로 의식적인 의미를 지니는 것이다. 스포츠와 놀이라는 활동은 독특하고 명확한 방법으로 즉, 평범한 수용개방성이 아닌 특별한 방법으로 우리에게 다가온다.

둘째는 놀이의 자세에서 수용개방성으로 부르는 것은 의도적이라기보다는 예외적인 것으로 분류할 필요가 있다. 그것은 놀이를 구성하는 특별한 여러 활동 놀이로 예를 들면, 테니스, 수영, 낚시 등 예외적으로 놀이나 스포츠로 특성 지을 필요가 있다. 이것은 저자의 생각으로는 불가능하면서도 설사 가능하다고 해도 특별히 유용하지는 않을 것 같다. 반면에, 수용개방성은 행위자가 놀이를 할 때 그에게 어떤 자세나 방향을 제시하도록 무엇인가의 도움을 준다. 이것이 바로 놀이가 바른 놀이 일수 있도록 하는 놀이의 자세이다.

이러한 것이 놀이라는 활동에 우리가 포함 될 수 있도록 하는 두 가지 중요한 요소에 대한 설명을 가능케 할 수 있다. 먼저, 보통 놀이나 스포츠로 여겨지지 않는 활동들에 참여하는 사람이 일단 놀이의 자세를 취하게 되면 놀이하는 사람이 된다는 것이다. 설거지나 노동같이 힘든 일을 예를 든다면, 파티가 끝나고 여러 친구들과 설거지를 하고, 누군가가 설거지를 제일 많이 하는가를 내기한다면, 그것은 놀이나 심지어 스포츠(올림픽은 아니더라도)가 되기도 한다. 두 번째, 넓게 스포츠로 불리는 활동들이 적절치 못한 자세 때문에 놀이나 스포츠활동이 될 수 없는 경우도 있다. 설사, 그 활동 동작이 해당 스포츠와 유사하다고 해도 말이다. 축구를 하기 위해서 야외로 나가는 경우, 만일 그들이 갱들 간의 전쟁으로 경쟁을 한다면, 설사 그것이 축구를 해도 이미 그들은 축구를 하는 것이 아니다.

세 번째의 분류작업은 내가 스포츠를 수용개방성이라고 정의하려는 것이 아니라는 것이다. 정의라는 것은 그것이 정의하는 모든 현상을 포함하기는 하지만, 활동이나 주체는 그것이 정의하는 대상에 포함되지 않는다. 다시 말해서 하나의 정의는 너무 넓지도 너무 협소하지도 말아야 한다. 그래서 그것은 상반된 예를 제공함으로서 반박될 수 있다. 한 현상의 예는 정의되어지는 것을 확실히 포함하지만, 그 정의에 의해서 제외되거나 혹은 우리는 정의에는 포함되지만 사실적으로 정의되는 것의 부분은 아니다.

이러한 의미에서 놀이나 스포츠의 정의로서, 수용개방성은 너무 범위가 넓다. 아무도 스포츠나 놀이로 여기지 않는 많은 활동들이 수용개방성의 자세에 의해 스포츠나 놀이로 특성지어 질 수 있다고 해도 말이다. 예를 들어 뇌 전문의사 되기, 대통령 경호하기, 다리 놓기, 덜 이야기하기, 혹은 소매치기나 마피아 되기 등의 이러한 모든 것들이 수용개방성을 요구하지만, 아무도 그것을 스포츠라 하지는 않는다. 최근 수십 년간 게임, 놀이, 스포츠 그리고 운동경기에 적절한 정의를 내리기 위해 노력을 해 왔지만, 저자는 분명히 여기서 놀이나 스포츠를 정의하기 위한 노력을 하는 것이 아니다.[61] 저자는 위의 활동에서 강력하고 두드러진 특성을 묘사하기 위해 노력을 하는 것이 아니다. 이러한 특성들이 어떤 활동들에서는 전부나 혹은 약간이라도 보여 진다면, 적어도 놀이나 스포츠에 두드러진 특성이 있음을 부정하지는 말아야 할 것이다. 다르게 예를 든다면, 만일 나와 나의 두 아들이 갈색머리에, 푸른 눈을 갖고 있고, 짧고, 민첩하고, 빠르며 매우 운동경기를 잘 한다면 이것은 비록 친척이나 세상에 많은 사람들이

61) 참고, 예를 들어 Barnard Suits, 메뚜기 : 게임, 삶, 그리고 유포피아. Toronto, University Press, 1978.

위와 비슷한 특성을 갖고 있다 해도 그것은 나와 내 자식 간의 두드러진 특성이 된다는 것이다. 즉, 우리들의 특성이 꼭 독특한 특성이어야 하는 것은 아니다. 여전히 스포츠나 놀이에 있어서 명백하게 보이는 수용개방성과 구별은 되지만 독특함이 없는 다른 특성 일지라고 그것이 스포츠나 놀이의 두드러진 특성이 된다.

스포츠나 놀이에서의 수용개방성이나 다른 특성들(구별은 되지만 독특함은 없는 성질)이 명확히 표현되는 방법들에 관해 더 논의할 것들이 있다. 첫 번째가 스포츠에서 수용개방성은 이론적인 특성으로 불린다. 수용개방성은 스포츠상황이 아닌 경우에서도 충분히 가능하다. 그러나 그러한 스포츠상황이 아닌 것들, 예를 들면, 정교한 뇌수술, 위험한 다리건설, 적의 피습 등과 같이 우리 인생에서 긴급한 것들에 바로 수용개방성이 꼭 필요하다. 하지만 스포츠에서 수용개방성의 자세 자체를 새롭고 흥미로운 방법으로 요구하기 위해서도 필요한 것이다. 예를 들면, 야구공을 쳐낸다는 것은 던져진 공의 종류에 심적으로 개방되어 적절한 스윙으로 특별한 반응을 하는 것으로 볼 수 있다. 이렇듯, 스포츠는 수용개방성을 명백한 주제로 만들며, 게임 그 자체의 도전을 알려주는 것으로 볼 수 있다. 자! 누가 가장 수용적으로 개방되어 있는지를 살펴보자.

지금부터 스포츠에서 수용개방성과 함께 중요시되는 다른 특성들에 대해서 알아보자. 여기서 제시되는 특성들은 저자의 생각으로는 스포츠나 놀이에서만 볼 수 있는 것은 아니지만 이론적으로 분류하면, 그러한 특성들은 바로 게임의 구성요소이기 때문에 플레이어에게는 명백한 중심사항이 된다. 그래서 이 주제에 대해 언급하고, 스포츠에 있어서 두드러지고도 중요한 사항들인 재미, 신뢰, 위험 감수, 가치, 자유, 가능성, 유한성 등을 이론적으로 분류하도록 하자.

유한성

인생사는 무수한 형태 속에서 유한성에 의해 심오한 정보를 제공받는다. 우리는 우리가 시간에 한정되었으며 언젠가는 죽는다는 것을 안다. 우리의 형상은 우리를 공간적으로 한정시킨다. 따라서 우리는 언제 어느 곳에서나 존재할 수 없으며 동시에 두 장소에 존재할 수 없다. 우리의 자유가 한정되었다는 것에 순응해야 한다. 그래서 우리는 때때로 생각한다. 그렇다. 우리는 여러 가지 측면에서 제한을 받는다. 하지만 보통 우리는 유한성을 회피하려 하고 우리의 마음 뒷전에 놓는다. 또한 유한 그 자체를 우리 인생의 가장 중요한 부분으로 간주되기를 강요받으며 보통은 무시당하면 반발심을 일으킨다. 시인 딜란 토마스(Dylan Thomas)는 '아름다운 밤 속으로 들어가는 것에 관대하지 말아라. 밤이 끝나는 것에 분노하고 분노해라'라고 충고한다. 우리의 유한성은 일반적으로 '아니요'의 본질적으로 부정을 말하며 깊이 생각하지 않고 회피하며 심지어 도망가는 어떤 것을 경험하는 것이라고 사르트르는 설명한다.

이러한 관점에서 스포츠는 인간의 놀라운 창조물이다. 스포츠 내에서 우리는 그 자체의 다양한 형태로 유한성을 경험하게 되며 진실한 주제를 만들어낸다. 우리가 보통 회피하려 하거나 정면으로 경험하기를 강요하는 최전선의 유한성의 형태로 이끌기 위하여 우리는 게임을 구성한다.

대부분의 스포츠는 규칙에 의해 규정되는 특징을 지니고 있다고 할 수 있다. 게임에 참가하는 상황을 제외하고는 결코 인정할 수 없는 방법, 즉 일상생활보다 훨씬 더 진솔하고 자유재량적인 방법으로 우리를 제한하는 그런 게임 속에서 규칙을 채택한다. 축구에서 손을 사용해서 공을 건드리면서 앞으로 나아갈 수 없으며 농구에서는 한 손만을 사용하여 공을 드리블해야 하며 골프에서는 클럽만을 사용하여 공을 전진시켜야 한다. 이러한 제한과 자유재량적인 구속이 스포츠 경기에서 부분적으로 인정될 때 우리는 기꺼이 따르며 심지어 열광한다.

물론 정해진 규칙을 따르는 것도 개방적으로 수용하는 입장과 마찬가지로 경기 면이 갖는 특별한 특징은 아니다. 우리들은 거의 대부분의 일상생활에서 적어도 규칙, 법, 관행의 형태가 존재함으로써 통제가 이루어진다. 그러나 우리의 스포츠에서 스포츠가 가지고 있는 규칙이 지배하는 요소와 유한성은 활동 그 자체의 명확한 주제를 구성한다. 우리의 관심은 게임이 행해질 때 특별하고 강력한 방법으로 게임규칙을 정하는 것이며 유한성의 측면에서 수용요구를 받게 된다. 나는 한 시민으로서 생활법률 한 가지를 알고 있다. 동의 없이 타인의 돈을 취하지 말아야 하며 의견이 맞지 않는다고 다른 사람의 신체를 공격하지 말아야 한다는 것이 그것이다. 그러나 예를 들어 축구경기를 할 때 손으로 공을 건드리지 말아야 하며 농구를 할 때 어떤 규칙이 필수적으로 존재한다. 이런 규칙들은 게임을 구성하며 일상생활의 규칙보다는 훨씬 더 분명한 방식이라는 의미를 제공한다. 따라서 규칙의 중요성에서 긍정적, 부정적 측면 모두 우리의 관심사이다. 규칙은 우리를 제한한다. 그러나 규칙은 또한 우리의 가능성을 인정하며 스포츠를 즐기는 가능성은 그러한 규칙에 의해 구성된다.

유한성에 대한 부수적인 설명은 우리 생활에 전반적으로 존재하나 다시 한번 경기라는 측면에서 우리의 신체를 제한한다. 형상화됨에 따라 항상 '여기'라는 방법으로 상황에 놓이며 위치에 놓이게 된다. 우리가 머무는 특별한 장소 이외에는 결코 존재할 수 없으며 또한 구속받는 신체는 우리의 가능성을 더 높인다.[62] 우리의 기량, 속도, 지구력 그리고 나머지 신체활동 모두는 게임에서 진실하게 평가받는다. 우리의 신체를 이러한 제한적 요소에 포함시킴으로 우리는 특별한 영향력으로 이러한 제한점을 발견하며, 싫지만 그것을 인정한다. 만약 자신이 큰 키에 강력한 힘까지 갖추고 있지만 더 작은 동료보다 민첩하지 못하다면 이러한 개인의 특성은 경기에서 어떤 가능성과 제한점을 줄 수 있다. 우리가 열광적으로 경기에 몰입할 때 자신보다 더 빠르고 민첩하며 기술 있는 누군가와 경쟁하게 되면 제한을 받으며 한정된 우리의 형상은 인상적으로 가슴에 사무치게 된다.

신체적으로 한정시키는 이 두 가지 요소는 심도 있게 언급할 가치가 있다. 즉, 공간과 시간의 유한성을 말한다. 공간적 제한은 경계가 정해진 게임에서는 아마 가장 명확하게 나타날 것이다. 축구와 미식축구는 경계선 안에서 게임이 진행되며 만약 수비수가 당신이 경계선에 접근할 때 가까이 다가서는 것은 이것도 진정으로 당신을 가두어 두는 것이다. 야구에서는 이 경계선 안에 흥미로운 묘책을 추가시켰다. 1루와 3루 사이의 경계선으로 공을 쳤을 때 이것은 카운트아웃이라고 하지 않고 홈런이라고 해서 보상을 받게 된다. 그러나 아주 엄격하게 규칙이 정해진 게임에서는 공간제한을 포함시킬 필요는 없다. 산 경사면을 따라 내려오는 레저스키어는 슬로프의 나무에 의한 제한을 받지만 안내가 있으면 나무들 사이에서의 움직임은 미학적으로 될 수 있다. 매우 뜻 깊은 스포츠를 선택한 암벽 등반가는 자연 그대로의 공간 제한에 직면한다.

---

62) 하이데거는 독일어의 문헌적 의미를 많이 만들었다. 현존재는 보통 인간으로 번역한다. 하지만 문헌적 의미는 '거기에 존재하는'이다.

시간적 제한을 인식하는 것은 스포츠의 격렬함과 유사하다. 또한 흥미롭게 구성된 게임에서는 예를 분명히 들 수 있다. 농구 게임에서 40분이라는 제한된 시간은 특히 종료가 가까워지거나 뒤진 경기를 만회하려고 할 때는 특별한 영향력을 느끼게 된다. 경기 종료 2분이 남아 있을 때의 동점은 경기 시작 후 2분이 경과 되었을 때의 동점보다 훨씬 더 대단하다. 마지막 순간의 격렬함은 게임의 유한성에 대한 우리 인식의 격렬함이다. 그러나 유한성의 인식과 그것의 중요성은 결코 시간에 대한 통계만으로 게임을 제한하는 것은 아니다. 유한성은 3세트의 테니스 게임과 18홀 골프, 그리고 강가에서 어둠이 임박함에 따라 끝마쳐야하는 어부에게서 나타난다. 한 학생이 지적했듯이 야구는 이상한 특성을 지니고 있다. 즉, 원칙에 관해서 적어도 몇몇 스포츠에서는 불명확하게 행해진다. 이론적으로 동점 상황에서 조명과 함께 시간에 관계없이 끝까지 진행되어야 한다.63) 그러나 주목할 만한 것은 우리는 보통 게임을 종료하기 위해 독자적으로 시간을 제한한다. 이와 같이 모든 경우의 시간제한은 일상생활에서도 존재하나 불분명하며 게임에서는 필수적인 주제로 다루어지며 이러한 제한 그 자체로 인식하기를 요구받는다.

가능성

그러나 스포츠에서 유한성이 나타나는 것은 단지 제한적인 것만은 아니라는 것이다. 유한성의 상대적인 측면은 바로 가능성이다. 우리의 움직임을 제한하는 게임규칙은 또한 그 자체의 가능성을 창출한다. 제한을 두는 것은 바로 의미를 정의하고 부여하는 것이다. 여러

63) 나는 이 예에 대하여 Richard Maloney에게 감사한다.

가지 방법으로 나의 신체를 제한하는 것은 또한 나의 가능성이다. 더 좋게는 나의 발전 가능성이다. 나는 작지만 민첩함이 종종 더 훌륭한 선수로 만들며 게임의 역할을 부여한다. 동일한 것이 공간 제한에도 해당된다. 축구 경기장의 경계선은 게임의 장소를 제공한다. 이러한 경계 내에서만 오직 게임이 의미를 지니며 게임진행이 성립된다. 경계가 없고 목적이 없는 게임은 무엇을 의미하는가? 나는 여성 라크로스에서는 엄격한 경계선이 없다는 것을 들었다. 가장 빠른 선수에게 공을 주면 간단히 게임의 결말에 도달하지 않는가. 왜 교정을 가로질러 출발시키지 않는가? 아마 그들은 이것을 알고 있기 때문에 분명한 경계선이 있건 없건 그 게임은 제한된 경계선내에서만 가능하다. 시간성과 동시에 다시 한번 게임 시간으로 강요받는 제한은 또한 그 의미가 있다. 우리들 대부분은 오랜 시간 동안 점수도 잊은 채 빈터에서 게임을 즐긴 경험이 있을 것이다. 결코 자유롭지 않게 시간을 제한한 게임은 곧 사람들을 분산시킬 것이다.[64] 우리는 시간적인 유한성이라는 의미 있는 상황이 필요하다.

유한성과 가능성은 미묘한 관계를 맺고 있으며 순수하게 기대하는 것과는 반대로 어떤 유한성의 형태는 의미 있는 가능성을 위해서는 필수적인 상황이며 현상에 초점을 맞추는 또 다른 방법으로 설명될 수 있다. 주어진 경기상황에서 수용개방성의 상태를 원하는 것이라고 제안한다. 우리는 게임에서 일어나는 기회에 대해 가능하면 개방적이고 순수하게 수용해야 한다. 그러나 만약 우리가 축구 경기를 하기 위해서는 게임하는 동안 세계 정치 문제에 대해 제재하거나 반응을

64) 아마도 어떤 것이, 왜 그들의 이론적 용어능력, 야구 게임이 빛나는 마지막으로 어떤 시간을 요청하게 된다.

보이는 것, 에이즈 치료약의 진보, 심지어 우리 자신의 문제의 범위는 현안으로 제한을 두어야만 한다. 만약 우리가 유한한 의식을 상상할 수 있다면 모든 것에 개방적으로 수용할 수 있는 의식을 또한 상상할 수 있을 것이다. 그러나 전자는 인간을 한정시킬 때 친절하지는 않다. 우리가 경기에 성실하게 몰입하고 목적에 유용해야 한다는 스포츠의 경험된 지식은 한정된 초점의 결과로 일상생활에서도 존재한다. 모든 인류를 사랑해라. 심지어 동시에 10명을 사랑해라. 즉, 고결한 애정은 진실한 것이다. 그러나 이것은 곧 실패하게 될 것이다. 이상할지 모르지만 활동의 초점이 필요하며, 즉 인간에게는 한정이 필요한 것이다.

자 유

유한성과 가능성은 무슨 관련이 있는지를 운동경기에서 명확하게 발견할 수 있는가? 만약 자유의 개념과 관련하여 가능성을 생각한다면 스포츠 상황에서 자주 잊혀지고 있는 자유의 본질에 관한 사실을 우연하게 인식할 것이다. 간단히 구속이 없는 자유에 관해서는 생각하기 쉽다. 따라서 이러한 종류의 자유에 대한 예는 다양하다. 만약 내가 구속받지 않는 하나의 대상이라면 완전하게 자유로울 수 있다. 전능한 신은 완전히 자유로운 존재이고 우리는 자유를 갈망하며 신처럼 되기를 원한다. 우리가 흔히 독재라고 간주하는 구속은 종종 자유를 부정한다. 얼마나 늦게 귀가했는가에 관련된 부모의 구속은 자유를 제한하는 것이다. 고급 클럽에서는 인종과 종교의 제한이 있다. 혹은 철의 장막 아래서는 감금이 존재한다. 그러한 예는 분명하게 우리가 종종 제한성이 자유를 위한 조건이 아니라 자유의 부인이라는 것을 안다는 의미를 지지한다.

그러나 우리의 스포츠경험은 이러한 간단한 견해를 수정하게 한다. 우리는 이미 규칙이 정해진 게임을 함으로서 우리가 우리자신에게 부과한 제한들이 임의적이라는 것과 때때로 극한이라는 것을 이미 보아왔다. 하지만 우리가 그러한 제한들에서 플레이하는 경험은 자유의 일종이다. 이상한 역설이지만 우리 자신을 일상생활보다 더 제한받도록 강요되는 것에 우리를 복종하는 것은 자유로서 경험되어야 하며 경기를 할 때는 자유로우며 유쾌해야 한다는 것이다. 그것은 자유를 경험하게 하는 그 무엇인가이다.

스포츠경험은 우리에게 있어서 의미가 풍부한 활동으로 존재하기 위하여 유한한 인간, 자유의 경험이 상황 내에서 발생한다는 것을 알려준다. 놀라운 분석은 이러한 경험이 가능하게 하는 조건이 아니라 우리의 자유를 주는 제한된 조건에서 틀림없이 생겨난다. 우리는 동일한 상황이 인생에서는 해당되지 않음을 고려할 필요가 있다. 우리의 육화된 몸(몸과 정신의 합일된 상태), 즉 확실하게 존재하는 제한성은 또한 틀림없이 우리가 무엇인가를 할 수 있다는 가능성을 표출할 수 있는 장소이다. 이원론자들이 주장했듯이 만약 우리의 신체로부터 해방되면 정말로 더 자유로울 수 있을까? 또한 우리의 경험이 더 의미가 있다고 하면 가능성이 낮아지며 자유로움이 낮아지는가? 그리고 만약 우리가 시간적인 유한성의 한계로부터 자유로울 수 있다면, 만약 영원한 생명을 부여받을 수 있다면, 우리는 죽음의 공포로부터 자유롭고, 우리의 인생이 풍요롭게 될 수 있을 것이다. 또한 시간의 제한이 없다면 우리는 성공의 기회를 언제나 보장받고 피할 수도 없는 끝없는 지루함과 끝없이 게임에 가식적으로 참여하면서 살아갈 수 있을까?

위험감수와 신뢰

아마도 스포츠의 참여차원에서 더 논의의 여지가 있는 것 중에 하나가 위험의 현상과 관련이 있는 부분이다. 대부분의 스포츠는 다수의 위험요소를 가지고 있다. 이는 대부분 확실한 신체의 부상 위험으로 나타난다. 자동차경주나 암벽등반과 같이 위험한 것 중에 일부는 심지어 생명을 위협하기도 한다. 지금 우리가 수용하고 추천할 수 있는 보통의 자세는 위험에 직면한 사람들은 불필요한 위험을 피해야 한다는 것이다. 참으로, 불필요한 위험에 빠진 사람은 누구나 비합리적 상태에 있게 된다. 택시 잡기가 불가능할 때 만약 누군가가 위험한 도시를 늦은 밤에 홀로 걷는다면, 혹은 그들이 수영을 거의 못할 때 잠수 여행을 가려고 한다면, 혹은 만취상태일 때 운전을 하려고 한다면, 우리는 이와 같은 경우를 비이성적 행위로 간주한다. 이와 같은 비이성적 행위란 불필요한 위험을 감내하는 것을 말한다. 그러나 가장 기이한 상황은 예외적으로, 우리는 결코 스포츠에 참가하는 것을 강요하지 않는 다는 것이다. 분명하게도 위험을 감수하는 스포츠는 모든 경우에 있어서 참여자들의 자유로운 선택에 의하여 행해진다. 그러므로 그것은 불합리의 예증이 아니라, 그것은 우리가 불필요한 위험에 고의로 참여하는 것이다.

부상의 위험이 대부분이 스포츠에 잠재된 유일한 위험은 결코 아니다. 우리는 경쟁스포츠가 갖고 있는 경쟁적 속성이 지닌 소외와 같은 특성들을 알고 있다. 강렬한 경쟁적 연계와 미묘한 소외 사이의 선에서, 불확실하고 때때로 불가피하게 소외로부터 양도되기도 한다. 특히 스포츠에서 몇몇 코치와 그 구성원들에 의해 화려하게 치장 양도되기도 한다. 즉 우리는 두려움을 상실한 지도자들에 의해 잘못 인도되는 가르침을 받았고, 그러므로 경쟁을 시작할 때, 우리는 힘을 상실하며, 우리의 자아에 대해 위협을 느낀다.

그래서 스포츠는 하나 혹은 다른 정도의 위험으로 가득 차있다고 말하는 것은 과장된 것이 아니다. 실재로 영어 구어의 plegan에서 파생된 play는 '위험을 갖는 것'을 의미한다. 스포츠 참여를 뒷받침 하는 것은 우리들 생활에 많은 가르침을 제공한다는 것으로, 이를 비이성적 행위로 간주할 수 있을까? 만약 아니라면, 왜 위험하다는 것이며, 그리고 어떠한 상황 하에서 무엇이 이성적인 행동일까? 하는 것이다. 이것은 심오한 질문으로 명확한 답으로서의 유효한 것은 거의 없다. 그러나 저자를 속박시키는 또 다른 주제의 위험에 관한 문제는 표면상의 위험과 대조된다. 그러나 저자가 제시하는 의미는 신뢰의 현상에 근접된 관계일 것이다.

우리는 보통 신뢰라면 위험의 회피와 관계하여 생각한다. 당신은 당신 차에 탄 사람이 별 문양의 옷을 입고 있을 때, 우리는 불합리한 위험의 다른 방편을 암시하는 것으로 말한다. 우리는 가정할 수 있을 것이며, 불필요한 위험을 피하는 방법으로 당신의 돈을 중개인 또는 은행가에 의해 투자하였을 때 당신은 그것을 신뢰할 수 있나? 스포츠 행위에서의 경험은 위험과 신뢰 양자의 관계는 결코 상반되지 않는다는 점을 인식시켜준다. 실제로, 바람직한 여건 하에서 우리는 기꺼이 운동경기의 위험을 감수한다. 어떤 여건 하에서는 이러한 위험스러운 능력조차도 이성적이 되며, 이들 위험들은 신뢰의 토대위에 자리한다. 몇 가지 예를 들어보면, 카레이서들은 그들 스스로 증명하여야 할 때 까지 의심스러움이 널리 알려진 신인 레이서들이다. 그리고 그러한 증명은 레이스에서 승리와 거의 관련이 없다. 신인 레이서는 주행에 신뢰할 수 있는 베테랑들을 만족시켜야 한다. 저자가 만약 이를 테면 미식축구와 같은 대인(접촉)스포츠를 한다면 나는 기꺼이 부상을 감수할 것이다. 나는 우연히 게임에 대한 경험을 생각할 때 상대에게 상처를 입히려고 애쓰는 비열한 행위라는 것을 인식하게 되었다. 또는 세 번째의 예로 저자가 경험한 스킨스쿠버다이빙을 들 수 있다. 내 친구는 나에게 일련의 노후화된 장비를 제공하였다. 그래서 나는 내 장비가 도착할 때까지 참여를 정중히 거절하였다.

이상과 같은 세 가지 예 모두 우리가 이미 위험으로 가득 찬 상황에 있다는 사실에서부터 시작하였다. 이는 아마 그들 스스로 삶의 위험을 자처하는 것이 된다. 마음이 내키지 않는 어떠한 상황으로 우리를 인도하는 것은 간단한 위험의 감수, 혹은 위험의 양 조차도 아니다. 차라리 그 예들은 우리가 우리의 플레이에서 기꺼이 위험을 감수하며, 그리고 외부적으로는 우리가 꺼려하고 의심스러워하는 것들을 자처하는 것에서 모든 다른 변인의 차이를 보여준다. 예를 들어 자동차 경주에서 신인선수는 드라이버의 기본적 재능을 신뢰한다. 미식축구의 예에서는 상대가 당신에게 부상을 입히려 하지 않는 다는 것을 신뢰하며 다이빙의 예에서는 장비의 신뢰를 들 수 있다.

저자는 스포츠의 참여로 뚜렷하고 신비스러운 이 위험과 신뢰의 양면성의 많은 것을 알려준다는 것을 회피할 수 있을까? 상기의 예에서 다음을 제시한다. 우리가 위험한 상황을 자처하기를 원하는 것처럼 보이며, 위험이 있는 곳에는 순수할 정도로 우연의 가능성이 있다. 그것이 발생하는 것도 당연하다. 자동차 경주의 유능한 선수는 심각한 사고에 직면할 가능성이 있다. 그들은 그 기회를 가지게 될 것이다. 하지만 더욱더 가망 있는 있음직한 사고를 만든 무능력한 집단의 경주는 아니다. 나는 과연 미식축구에서 상대에게 상처를 입히고, 상처를 입는 것인지도 모른다. 우연일 것이다. 그러나 그가 나에게 상처를 입히지 않으려고 한다면, 나는 스쿠버 다이빙이 심각한 위험과 관련이 있다는 것을 안다. 나는 우연을 기대 할 것이다. 그러나 나는 오로지 장비에 대해서만 믿음직한 신뢰를 가진다.

이와 같은 상황의 미묘한 차이는 불확실한 상황속의 위험에 진입하려는 것으로 이는 사전에 조절할 수 있는 또는 제거할 수 없을 것이다. 그러나 그들은 진정으로 우연에서 벗어나야 할 것이다. 우리는 위험을 예방할 수 있는 아울러 아마도 보다 나은 상황을 설정할 수 있을 것이다. 이들 위험들은 우연과는 다른 원인이 되는 어떤 것을 제거 할 수 있을 것이다. 여기에 신뢰의 본질이 있다. 그것은 우리가 열성적으로 위험을 감수하는 것이다. 여기에서 나의 핵심은 우리가 신뢰를 가지고 기꺼이 그리고 열성적으로 참가하게 되는 위험한 플레이는 보통 정보에 근거한 신뢰에 바탕을 두고 있다는 것이다.

가 치

스포츠경험에서 주제화 될 수 있는 다른 문제는 가치와 관련이 있다. 스포츠 애호가들은 스포츠는 본질적으로 선하다고 하는 것을 솔직하게 말하려고 할 것이다. 그러나 우리는 앞선 1장과 2장에서 살펴보았듯이, 즉 스포츠는 놀라울 정도로 우리들을 쉽게 걱정스러운 문제들로 인도한다는 것이다. 수용개방성 그 자체가 무엇이며, 플레이어의 위치는 만약 우리가 말하는 운동선수와 외과 의사 그리고 애호가들이 수용개방성을 보인다면, 그것은 수용개방성을 되풀이하여 부추기는 말일 것이다. 그러나 예를 들어 소매치기 혹은 마피아가 사람을 때리는 경우와 같이 그들의 계획을 성취하기 위한 수용개방성의 필요성이 없는 경우처럼 그러한 예들은 우리를 빠르게 진지하게 만든다. 수용개방성 그 자체는 내재적으로 선하지도 혹은 악하지도 않다. 그러나 하나 혹은 다른 하나가 될 수 있다. 주어진 계획의 맥락 안에서, 야구경기를 하든지, 뇌수술을 수행하든지 혹은 상대를 폭행하든지 간에, 수용개방성은 욕구의 그 어떤 것이다. 그러나 그것의 처음의 긍정적 가치는 계획 자체의 가치만큼 우리의 판단에 의해서 상쇄된다.

어떤 범죄의 준비에서 수용개방성은 거의 칭찬 받을 수 없다. 그것은 좋은 것이라고 힘주어 말하지만 선한 것은 분명 아니다. 그래서 그것은 스포츠에서 수용개방성과 함께 한다. 주어진 스포츠의 기획안에서 수용개방성은 확실히 바람직한 것이 될 것이다. 그러나 스포츠 그 자체 혹은 스포츠를 플레이하는 경우는 윤리적으로 문제가 있다. 투우나, 위험한 종류의 사냥 같은 스포츠를 생각해보자. 이들 예들은 스포츠에서 나타나는 수용개방성이 우리 삶의 나머지 부분에서 만큼 윤리적으로 문제가 있다는 것을 명확하게 해준다. 다시 말하자면, 우리는 이미 많은 시간을 보아온 것처럼 스포츠는 우리에게 윤리적 문제의 해법 혹은 좋은 삶에 대한 단서를 제공하기보다는 윤리적 문제 그 자체를 제공한다.

재 미

마지막으로 재미의 문제를 들 수 있다. 널리 알려진 것처럼 재미라는 개념을 만족할 만큼 명확하게 정의하기는 어렵지만 우리들 대부분은 최고의 순간에 스포츠가 우리에게 재미를 경험하게 한다는 것을 알고 있다. 게임에서 이전된 소외는 우리에게 상처를 주었으며, 아마도 우리의 역할에 대한 빈약한 플레이로 인해 큰 게임을 잃었다면, 우리는 재미와 같은 상황을 경험하지 못할 것이다. 그러나 재미도 스포츠의 일종이다. 스포츠를 행함에 있어 그것에 최선을 다한다면 그것이 재미이다. 재미는 역시 우리의 스포츠 플레이를 인도하는 수용개방성의 특수한 성격이다.

나는 여러 페이지에서 놀이와 스포츠가 이 활동의 자세를 유일하게 규정하기 위하여 다시 요청하는 않고 수용개방성의 양식에 있어 몇몇의 주목할 만한 것과 아울러 구별되는 특징들을 찾으려고 하였다. 그러나 우리는 여전히 또 다른 질문에 착수하면서 이 장을 시작하여야 할 것이다. 인간에 대하여 스포츠가 호소하는 것이 무엇일까? 인간은 왜 놀이를 하는가? 이들 질문의 대한 응답은 명백하게 대단히 어렵고 복잡한 인간의 속성을 묻는 질문이다. 우리는 여기에서 독자의 경험이 진실이라는 일종의 반응을 위하여 받아들일 수 있는 양식을 제시하려는 것보다는 모든 독자들이 그 양식을 수용할 것이라는 희망 안에서 가능한 하나의 방향을 수용할 수 있다.

놀이와 인간

인간 또는 인간의 본질은 일종의 모순이라는 말을 많은 철학자들이 언급한 바 있다. 만일 모순이라는 용어가 과장이라면, 그것은 단지 부드럽게 말하는 것이다. 인간의 본질에 대해 생각하려는 어떤 시도는 오래 전에 일련의 정 반대되는 경향들과 직면한다. 그리고 그 경향은 매우 쉽게 역설적으로 보일 수 있다. 내가 생각하는 많은 것들은 모순에 대한 이러한 경향이 나타내고 있는 기본적인 방법들이라고 현재 인용되고 있다. 그들 각각은 민감한 개방성과 같이 놀이의 자세에 관계가 있다.

첫 번째 명백한 모순은 한편으로는 불완전하고 부분적이며 충만함을 필요로 하지만 다른 한편으로는 완전하고 충만함이 넘치는 것 같은 그들 스스로의 경험에 대한 인간의 경험과 관련이 있다. 두 경험 모두 정성을 다할 필요가 있다.

우리는 계속해서 우리 자신이 불완전하고, 결핍된 존재라는 것과 어떠한 결과를 경험한다. 그리고 우리는 충만함을 갈망한다. 이런 증후는 세 가지 특정시기를 포함하는 것 같다. 첫째, 우리가 소위 존재적인 순간이라고 부르는 것에서, 또 많은 불명확한 방법들에 있어서 불완전한 것 같다. 거기에는 인간에 대해 부르는 것에서, 또 많은 불명확한 방법들에 있어서 불완전한 것 같다. 또한 거기에는 인간에 대해 존재적인 부정이 있다. 우리는 혼자 사는 존재가 아니다. 우리의 삶에는 명백하게 확정된 다양한 요구들이 새겨져 있고, 그런 요구들은 우리의 부족함을 증명한다. 그러나 이 첫 번째 시기 안에는 두 번째 시기가 포함되어 있다. 비록 막연하다고 할지라도, 우리는 이런 부족함을 경험하고 우리의 불완전함을 고려하고 있다. 사실, 우리의 자아인식은 그러한 우리의 부족함을 인식하며, 우리는 부족한 것이 무엇인지를 이해하게 한다.

세 번째 시기는 우리가 이러한 부족함을 경험할 때 우리는 그것들을 극복하려고 노력하는 시기이다. 우리는 우리 내면에 에너지를 가지고 있고 그것은 우리가 불완전한 경험으로부터 벗어나 완전함을 얻으려고 애쓰도록 이끌어 준다. 그래서 예를 들면, 나는 부의 불완전함을 경험하고 사업 특히 돈을 벌어 그것을 극복하기 위해 노력할 수도 있고, 또는 정치권력의 부족함을 경험한 예술작품의 창조를 통해 극복하려고 노력할 수도 있으며, 지혜의 부족함을 경험하고 철학자가 되는 것으로 극복할 수 있다. 불완전함의 이런 증후군, 그것의 인식 그리고 그것을 극복하기 위해 노력하는 것은 중요한 우리 인간의 종을 이룬다. 내 자신은 남편, 아버지, 교사, 철학자 그리고 운동선수인가? 이것은 불공평을 경험하고 그것을 극복하기 위해 노력하는 방법을 증명해 준다.

하지만 이 불완전함의 증후군은 이야기의 한 면일 뿐이다. 여기서 명백한 모순의 첫 번째는 일종의 완전함을 더 나아가 흔히 말하는 우리가 우리 자신을 억압하는 과도함이나 과잉을 겪게 된다. 우리는 우리 자신의 무엇인가를 거의 대가없이 다른 누군가에게 또는 외부세계로 쏟는다. 모든 인간 경험 중에서 아마도 사랑과 우정은 불완전함과 과잉의 공존에 대한 가장 분명한 예이다. 우리의 다른 것을 향한 사랑은 찾아지고 부족함을 증명해 주지만, 그것은 곧 스스로를 주는 것이고 현재 인류의 풍족함의 선물이다.

이에 대응하는 개방성으로서 놀이와 운동의 매력이 어떻게 인간본성의 이러한 측면에서 발견될 수 있는지 제시할 수 있다. 내가 지금까지 언급했던 것과 반대로 우리가 불완전함이나 우리자신을 집중하게 만드는 과도한 과잉으로도 특징지어지지 않고 가정해보자. 그래서 수용개방성은 불완전함과 과도함으로서 우리의 본성의 표현에서 찾을 수 있는 바로 그 자체이다. 보는 바와 같이 놀이 그 자체는 인간본성을 의미하는 것의 자연스러운 결과이다.

인간본성의 명백한 모순 개념의 두 번째 특징을 더 논쟁할 필요가 있다. 왜냐하면 많은 사람들이 배타적으로 모순의 각각 다른 면을 두고 논쟁했기 때문이다. 하지만 나는 다시 우리 인간은 두 가지 면을 다 가지고 있다고 주장하겠다. 나는 인간의 해석을 본성의 단일체, 핵, 원자적이라고 말하고 다른 면으로는 인간의 이해를 근본적으로 상관성으로 규정한다. 단결된 인간 본성 속에는 불완전하게나마 그것을 모으려했던 기념비적인 노력들과 마찬가지로 그 동안 개별적으로 양쪽의 많은 대변자들이 있었다.

인간 존재의 단일체적인 시각에 의하면 인간은 때때로 다른 사람과의 관계에 들어가기도 하지만 그 필수적인 본성이 그러한 관계 속에서 형성되지는 않는 자치적이고 독립적인 존재인 단일체이다. 이것이 인간 삶의 최고점이 은둔적이어야 한다는 논쟁의 관점이 아니라는 것을 주목하라. 하지만 우리의 본성은 다른 사람과의 관계가 긍정적이든 부정적이든 외부적이라는 요인에 의해 구성된다고 논쟁하고 있다. 전형적으로 이런 견해의 대변자들은 어떤 실존주의자의 언어를 사용해서 확실성이라는 자치성과 독립성의 위치를 강조한다. 반대로 이 견해는 설명적으로 진술될 수 있다(인간존재가 단일체라는 식으로 우리가 이런 생활을 좋아하든 싫어하든). 또는 목적론적으로 언급될 수도 있다.

개별성에 관한 이런 개념의 적용은 우리 모두에게 익숙하다. 잘 알려진 정체성의 위기란 개별성의 이런 의미의 경험된 부재로 해석될 수 있을 것이다. 우리 중 누구도 다른 사람에게 의존하는 것을 좋아하지 않는다. 사랑과 같이 본질적으로 상관적이라고 보이는 경험에서조차, 우리는 그런 관계가 의존적이 될 때 곤경에 처한다. 그러면 개별성의 특징은 분명해 질 것이다.

내가 합리적 견해라고 했던 그것의 분명한 반대보다 더욱 분명한 것은 아니다. 이 견해에 따르면 우리의 본질적 본성은 다른 세계와의 관계의 질에 의해 근본적 방법으로 구성된다. 우리가 현재의 자신에게 부여하는 많은 단어들(남편, 아버지, 교사, 철학자)은 다른 사람이나 사물과의 관계를 나타내는 이름이다. 단일체와는 대조적으로 이 견해가 때때로 칼 마르크스의 예처럼, 목적론적으로 인간이 그들의 열등한 단일체적 입장의 한계를 극복하기만 하면, 인류는 언제 가는 새로운 관계를 맺게 될 수 있을 것이다. 다른 사람과의 관계를 통해 우리 스스로 성취한다는 견해와 그런 연관성을 통해서 될 수 있는 견해는 디오니게스의 무아지경처럼 오래되고, 제국주의 현상처럼 지속되고 팀워크를 위해 선수들에게 권고하는 지금 코치처럼 새로운 것이다.

두 입장의 특징이 주어지면, 전통적으로 많은 위대한 사상가들이 인간은 단일체이면서 관계적이라고 논쟁한 것이 놀라운 일이 아니다. 하지만 어떻게 보면 모순처럼 보일 수도 있다. 나는 적어도 단일체의 이중성과 인간 조건의 관계적 개념 사이에 응집성이 있다는 것과 이전에 논의되었던 이원성이라는 것을 주목함으로서 그 확신이 그럴듯함을 덧붙일 수 있다. 인간 본성의 불완전, 과잉 차원과 수용개방성으로서 놀이의 이해 사이에도 응집성이 있다는 것에 주목함으로써 불완전함이나 과잉적 요소와 분명한 조화를 이룬다.

불완전성과 과잉성의 관계를 가지고 시작하기 위하여, 우리 본질의 단일체적 요소는 완전성과 과잉성의 요소와 분명하게 일치한다. 단일체로서 우리는 스스로를 일종의 완전함을 구현한다고 생각한다. 우리는 독립적이고 자아 신뢰의 상태로 존재하거나 존재하려고 노력한다. 다른 사람과의 관계 속으로 들어갈 때 그 근원은 우리의 필요가 아니라 과잉성이다. 그것은 우리가 부여한 우리 자신의 선물이다. 반대로 관계적 개념은 불완전한 존재로서 우리의 자기이해와 상응한다. 관계적으로, 우리는 다른 이와의 관계를 통해서, 관계 안에서 존재를 수용하기 때문에 우리는 불완전한 것으로 우리 자신을 들어낸다. 우리는 완전함의 내용물들을 우리 안에 포함하지 않는다. 우리는 수행을 위해 타인이 필요하다. 그래서 불완전/과잉 그리고 단일체/관계적 인간의 관념은 상호 기본적이고 서로를 반영한다고 할 수 있다. 비록 모순적이지만 둘 다 긴장 상태에 있다는 것이 놀라운 일은 아니다.

또한 수용개방성으로서의 놀이가 단일적이고 상관적인 이중의 본성 속에서 발견된다는 것도 놀라운 일이 아니다. 사물, 사람에 대한 개방성은 관계성의 결과이다. 라이프니츠의 단자론처럼 우리가 완전한 단자라면, 세계를 향한 창이나 타인에게 개방할 필요가 없을 것이다. 우리의 본질적인 관계성은 개방의 형식으로 타인에게 향한 우리의 지향성을 요구한다. 그래서 우리는 우리의 본질은 실현시킬 수 있다. 반대로 우리 수용성은 우리의 과잉성에서 연유하고 현재의 우리는 우리 자신으로부터 그렇게 된다. 우리 수용성의 표현은 타인과의 관계를 가져올 수도 있고 아닐 수도 있다. 하지만 다시 그 근원은 현재 우리 자신에게 있고 단일체로서의 우리 본성 또한 마찬가지다. 수용성은 단일체적이고 관계적인 이중의 본성으로부터 나온다. 다시 말하면 놀이의 자세를 취하는 것이 우리의 본성이다.

상관적 개방성과의 관계에서 불완전함과 과잉성, 관계성과 단일체로서의 인간 본성에 대한 두 해석은 적당히 대변하거나 이 몇 장에서 역사적으로 기초를 세울 수는 없을 것이다. 하지만 그것이 인간의 놀이에 분명하게 상호 문화적 특징의 의미를 형성할 수도 있는 일종의 이해로서 제안적이고 그럴듯 하기를 바란다. 그것이 의미 있는 제안을 총 망라한다고 제언하지는 않는다. 예를 들어 어떤 것은 지배적이거나 정복적이고 복종적인 또 다른 이중성을 고려할지도 모른다. 우리는 자주 인생에서 타인에 대해 지배적인 태도를 취하도록 유혹 받을 수 있고 타인에게 억압적으로 지배받을 수도 있다. 반대로 특히 우리의 통제를 벗어나 세계를 경험 할 때, 복종의 태도, 수동성, 관망성은 종종 관심을 끄는 입장을 제안한다.

모든 것이 뒤죽박죽되었을 때 운동경험으로 돌아간다면 수용개방성의 태도는 지배와 복종/수동성 사이에 분명한 균형을 유지하고, 타인에게 너무 기대어 쉽게 무너지는 균형을 유지한다. 예를 들어 지배적 자세는 일종의 수용성의 과다나 개방성의 부족으로 보일 수 있다. 반대로 복종은 적당한 수용성 없는 지나친 개방성이다. 선택적으로 개방성에 의해 조절된 지배는 수용성이 되고, 수용성에 의해 조절된 복종은 개방성이 되고, 그와 함께 명확한 균형 속에서 언제나 극도로 치우치는 대립의 위험 속에서 그것은 놀이의 태도의 완성을 이룬다고 할 수 있다.

다시, 그런 제안들은 단지 그것으로 올바르게 이해되는 어떠한 기업의 경우에서처럼 스포츠철학에서 존재하는 필요에 대한 반응으로서 사고의 지침으로 이용된다. 인간 본성의 그럴듯한 개념에서 기업이 기초를 두고 존재에 있어서 인간에 대한 계획의 특징을 설명하는 중요한 것은 필요성이 조심되어야 하고 운동의 반영에서 최종적으로 그리고 근본적으로 운동의 거대하고 놀라운 특징에 빛을 낼 인류를 포함하는 것이다.

그래서 스포츠철학은 어디로 가는가? 만약 이 책에서 일관된 교훈을 가지고 있다면, 나는 스포츠가 우리에게 인생의 문제들에 대하여 많은 답들을 제공하는 것보다는 차라리 문제제기를 위한 가장 폭넓은 분야 중에 하나이기를 바란다. 스포츠에서 우리는 하나보다는 더 많은 방법에서 질문에 대하여 우리 자신을 개방하게 한다. 명확하고 강렬하고, 열정적인 스포츠는 우리에게 때로는 공공적으로 지금의 우리처럼 자세를 취하도록 요구한다. 만약 우리가 그 경험에 대하여 철저하게 생각한다면 거기서 나는 가장 오래된 철학적 질문으로 가장 풍부하고 심오하게 묻는 것 중에서 '나는 누구인가'라는 물음을 발견하게 될 것이다.

읽을거리

- Beisser, Arnold, The Madness in sport. Bowie, Md., Charles Press Publishers, 1977. A psychoanalytic interpretation of troubled athletes and how their involvement with sport is related to their pathologies.
- Brohm, Jean-Marie, Sport : A Prison of Measured Time. London, Ink Links Press, 1978. A radical critique of sport by a French Marxist.
- Fraleigh, Warren, Right Actions in Sport : Ethics for Contestants, Champaign, III., Human kinetics Publishers, 1984. A book that set out the author's guide for "right actions" in sport.
- Herrigel, Eugen, Zen in the Art of Archery. New York. Vintage Bools, 1971. The original work that applies the principle of zen to sport.
- Hoch, Paul, Rip Off The Big Game : The Exploitation of sports by the power Elite. New York. Doubleday, 1972. A radical critique of sport, concentrating on American sport.
- Huizinga, Johan, Homo Ludens : A study of the play Element in Culture. Boston, Beacon Press, 1955. The classic study of the role of play in culture, from the primitive to the modern.
- Hyland, Drew, The Question of play. Lanham, Md., University Press of America, 1984. Sets out the author's view of the philosophical significance of sport for human life.
- Meier, Klaus V., editor, Journal of the philosophy of sport. The

best journal on the topic, with many important articles on a variety of issues in the philosophy of sport.

- Morgan, Wm. and Meier, Klaus V., editors, philosophic Inquiry in sport. Champaign, III. Human Kinetics Publishers, 1988. A comprehensive compendium of important articles, including many of those cited in this book. The best general collection of articles on the philosophy of sport.
- Novak, Michael, The Joy of sports : End Zones, Bases, Baskets, Balls, and the Consecration of the American spirit, New Yo가, Basic Books, 1976. An exhuberant appreciation of sport, with an emphasis on its religious dimension.
- Postow, Betsy, editor, Women, Philosophy and Sport : A collection of New Essays. Metuchen, N. J., The Scarecrow Press, 1983. A useful collection of essays on women in sport.
- Simon, Robert, Sports and Social Values. Englewood Cliffs, N. J., Prentics-Hall, 1985. An excellent book which concentrates on social and ethical issues in sport.
- Vanderwerken, David, and Wertz, spencer, editors, Sport Inside out. Fort Worth, Texas Christian University Press, 1985. A large selection of writings on sport, Including literature.
- Weiss, Paul, Sport : A Philosophic Inquiry. Carbondale, III., Southern IIlious University Press, 1969. The ground- breaking book on philosophy of sport, by one of America's major philosophers.

참고문헌

- Anthony, W. J., "Sport and physical Education as a Means of Aesthetic Education," British journal of Physical Education, Vol.60, No. 179. March, 1968.
- Aristotle, Metaphysics.
- Beisser Arnold, The Madness In Sport. Bowie, Md., Charles Press Publshers, 1977.
- Best, Devid, "Sport Is Not Art", in Morgan and Meier, editors, Philosophic Inquiry in Sport. Champaign, III., Human Kinetics Publishers, 1988.

  _________ "The Aesthetic in sport", in Morgan and Meier, op.cit.
- Bottomore, T. B., editor, Karl Marx : Early Writings. New York. McGraw-Hill, 1963.
- Boxill, J. M. "Beauty, Sport, and Gender," in Morgan and Meier, op. cit.
- Brohm, Jean-Marie, Sport : A Prison of Measured Time. London, Ink Links Press, 1978.
- Browm, W. M., "Comments on Simon and Fraleigh", Journal of Sport, Vol. XI, 1984.

  _________ "Ethics, Drugs, and Sport," Journal of the Philosophy of Sport, Vol. Vll, 1980. p15.

  _________' Paternalism, Drugs, and the Nature of Sport. Journal of the Philosophy of Sport, Vol. Xl, 1984.

- Buber, Martin, I And Thou. New York, Charles Scribner's Sons, 1958.
- Camus, Albert, Resistance, Rebellion, and Death. New York. Alfred Knopf, 1961.
- Cordner, Christopher, "Differences Between Sport and Art", Journal of the Philosophy of Sport. Vol. XV, 1988.
- Descartes, Rene, Meditations on First Philosophy, In Descartes : Seleted Philosophical Writing, Translated by Cottingham, Stoothoff, and Murdoch. Cambridge, Mass., Cambridge University Press, 1988.
- Diogenes Laertius, The Lives and Opinions of Eminent Philosophers, London, Henry G. Bohn, 1853.
- Gilbert and Williamson, "Sports are Unfair to women", Sports Illustrated, May 28, 1971.
- Herrigel, Eugen, Zen in the Art of Archery. New York, Vintage Book, 1971.
- Hoch, Paul, Rip Off the Big Game : The Exploitation of Sports by the Power Elite. New York, Doubleday, 1972.
- Huizinga, Johan, Homo Ludens : A study of the play Element in culture. Boston, Beacon Press, 1950.
- Hyland, Drew A., "Competition and Friendship", in Morgan and Meier, op. cit., p231.

  ________ "Competition, Friendship, and Human Nature," in Women, Philosophy, and Sport, edited by Besty Postow. Metuchen, N. J., Scarecrow Press, 1983, p162.

__________The Question of play. Lanham, Md., University Press of America, 1984.

__________ "When Power Becomes Gracious" : The Affinity of Sport and Art, "in Rethinking College Athletics", edited by Judith Andrew and David James. Philadelpia, Temple University Press, 1990.

• Kupfer, Joseph, "A Commentary on Jan Boxill's Beauty, Sport, and Gender," Morgan and Meier, op. cit., p519.

__________ "Sport-The Body Electric", in Morgan and Meier, op. cit., p455.

• Lasch, Christopher, "The Degradation of Sport", in Morgan and Meier, op. cit., p403.

• Lingus, Alphonso, "Orchids and Muscles", In Morgan and Meier, op. cit., p403.

• Marcel, Gabriel, Metaphysical Journal. Chicago, Henry Regnery, 1952.

• Marx, Karl, The portable Marx. New York, Penguin Books, 1983.

• Meier, Klaus V. "Embodiment, Sport, and Meaning," in Morgan and Meier, op. cit., p97.

• Mill, J. S. On Liberty. Indianapolis, Hackett Publishing, 1978.

• Morgan, Wm., "Play, Utopia, and Dystopia : Prologue to a Ludic Theory of the state," Morgan and Meier, op. cit. p419.

• Nietzsche, Friedrich, Philosophy in the Tragic Age of the Greeks, Chicago, Gateway Editions, 1962.

__________Thus Spoke Zarathustra, in The Portable

Nietzsche. New York. Penguin Books, 1982.

• Platon, Laws, in The Collected Dialogues of Plato, edited by Hamiton and Cairns. New York. Pantheon Books, 1961.

___________Phaedo, Hamiton and Cairns, op. cit.

___________Phaedrus. Hamiton and Cairns, op. cit.

___________Republic, Hamiton and Cairns, op. cit.

• Symposium, Hamiton and Cairns, op. cit.

• Postow, Betsy, "Women and Masculine Sports", Journal of the philosophy of Sport, Vol. VII, 1980, p51.

• Ravizza, Kenneth, "A Subjective study of the Athlete's Greatest Moment in sport," Paper Presented at Mouvement, Actes du 7 Symposium en apprentissage psycho-moteur et psychologie 여 Sport, Octobre, 1975.

• Reid, L. A. "Sport, the Aesthetic, and Art," British Journal of Educational Studies, Vol. 18, No. 3, 1970.

• Roberts, Terence, "Sport, Art, and Particularity : The Best Equivocation," Morgan and Meier, op. cit., p495.

• Sartre, Jean-paul, Being and Nothingness : An Essay in phenomenological Ontology, New York, Philosophical Liberty, 1956.

• Schrag, Calvin O., "The Lived Body as a Phenomenological Datum," Morgan and Meier, op. cit., p110.

• Scott, Jack, The Athletic Revolution. New York. Free Press, 1971.

• Shainberg, Laurence, "Finding the Zone," New York. Times Magazine, April 9. 1989.

• Simon, Robert, Sports and Social Values. Englewood Cliffs, N. J.,

Prentice-Hall, 1985.

- Suits, Bernard, The Grasshopper : Games, Life, and Utopia. Toronto, University of Toronto Press, 1978.
- Weiss, Paul, Sport : A Philosophic Inquiry. Carbondale, III., Southern Illinois University Press, 1969.
- Wertz, Spencer, "Context and Intention in Sport and Art," Morgan and Meier, op. cit., p523.
- "Representation and Expression in Sport and Art", Journal of the Philosophy of Sport, Vol. XII, 1985, p8.
- Wittgenstein, Ludwig, philosophical Investigation, New York, Macmillan Co., 1953.
- Young, Iris Marion, "The Exclusion of Women From Sport : Conceptual and Existential Dimensions," Morgan and Meier, op. cit., p335.

찾아보기

[ㅇ]

[ㅈ]

역자소개

■ 송형석

• 서울대학교 체육교육과를 졸업하고 동대학원 석사학위를 받고 독일 쾰른체육대학교에서 체육학 박사학위를 받았다. 현재 계명대학교 체육대학 교수로 있다.

• **저서** [스포츠와 인간], [태권도란 무엇인가], [현대독일스포츠철학의 흐름], [문화로서의 스포츠], [근대성, 몸 그리고 스포츠], [태권도사], [오늘날 다시 부는 태권도] 등

■ 이학준

• 한림대학교 철학과를 졸업하고 고려대학교 대학원 체육학과에서 석사와 박사학위를 받았다. 현재 한림대학교, 인천대학교, 단국대학교 시간강사로 있다.

• **저서** [영화로 읽는 스포츠], [운동선수, 그들만의 고민], [스포츠 속으로], [인간의 얼굴을 한 스포츠], [스포츠의 사회윤리], [스포츠를 철학한다], [우리스포츠철학의 길],[스포츠와 행복],[스포츠 생각],[장자의 체육과 체육의 문제] 등

스포츠 철학

2006년 3월 15일 1판 1쇄 발행
2013년 8월 25일 1판 2쇄 발행

원저자 · DREW.A.HYLAND
역자 · 송현석, 이학준
펴낸이 · 조 승 식
펴낸곳 · (주) 도서출판 **북스힐**
등록 · 제 22-457 호
주소 · 서울시 강북구 수유 2동 240-225
전화 · (02) 994-0071
팩스 · (02) 994-0073
이메일 · bookswin@unitel.co.kr
홈페이지 · www.bookshill.com
ISBN · 89-5526-243-4
가격 · 9,000원

잘못된 책은 교환해 드립니다.